Susanne Weitlaner / Tatjana Vučajnk

Einstiegskurs Slowenisch

für Kurzentschlossene

Buch mit MP3-CD und Audios online

Herausgegeben von
Hedwig Nosbers und Matthias Öhler

Hueber Verlag

Ein MP3-Download der Sprachaufnahmen ist unter www.hueber.de/audioservice erhältlich. Informationen zur App finden Sie unter www.hueber.de/einfach-digital

Fotonachweis:
Coverfoto: Thinkstock/iStock/NataliaDeriabina
S. 4: © Matic Štojs|Dreamstime.com, S. 5: © Mykyta Starychenko|Dreamstime.com, S. 7: © MonaLisa66/pixelio.de, S. 8: © Jasminka Becker/pixelio.de, S. 13: © Oliver Weber/pixelio.de, S. 17: © Jorma Bork/pixelio.de, S. 19: © Matej Kastelic|Dreamstime.com, S. 20: © Carlo Dapino|Dreamstime.com, S. 23: © Photoz83|Dreamstime.com, S. 25: © Matthias Brinker/pixelio.de, S. 31: © Elkamino|Dreamstime.com, S. 34: © Ron Burleson |Dreamstime.com, S. 43: © w.r.wagner/pixelio.de, S. 45: © Dušan Zidar|Dreamstime.com, S. 49: © Kigoo Images/pixelio.de. S. 55: © Ediathome/pixelio.de, S. 57: © Aarstudio|Dreamstime.com, S. 63: © Peter Smola/pixelio.de, S. 65: © dragoncello|Dreamstime.com, S. 66: © Dmitry Kalinovksy|Dreamstime.com, S. 69: © Tim Reckmann/pixelio.de, S. 71: © Auremar|Dreamstime.com, S. 72: © Maren Beßler/pixelio.de, S. 81: © birgitta hohenester/pixelio.de, S. 89: © Radub85 |Dreamstime.com, S. 91: © Klemenr|Dreamstime.com, S. 107: © angieconscious/pixelio.de S. 109: © Lukas Blazek|Dreamstime.com, S. 117: © Djama86|Dreamstime.com, S. 121: © Nick Herbold/pixelio.de, S. 127: © Steve Estvanik|Dreamstime.com, S. 129: © Miradrozdowski|Dreamstime.com, S. 37, 123: © Andreja Tominac|Dreamstime.com, S. 75, 104 © Rainer Sturm/pixelio.de, S. 95, 97: © Rudolf Aichholzer/pixelio.de, S. 11, 14, 26, 29, 39, 40, 46, 51, 52, 60, 92, 77, 78, 81, 83, 86, 98, 101, 103, 112, 115, 118, 124, 130, 133, 135: © Hedwig Nosbers, Bonn

3. 2. 1. | Die letzten Ziffern bezeichnen
2023 22 21 20 19 | Zahl und Jahr des Druckes.
Alle Drucke dieser Auflage können, da unverändert, nebeneinander benutzt werden.
1. Auflage 2019

Ersetzt die ISBN 978-3-19-007500-3
Umschlaggestaltung: Sieveking · Agentur für Kommunikation, München
Redaktion: Dr. Hedwig Nosbers und Matthias Öhler, Bonn
Layout: Cihan Kursuner, Hueber Verlag, München
Satz: Marc Martin, www.martin-dtp.de, Bonn
Tonträger: www.homefamily.de, Wiesbaden
Druck und Bindung: Friedrich Pustet GmbH & Co. KG, Regensburg
Printed in Germany
ISBN 978–3–19–017500-0

Art. 530_26152_001_01

Inhalt

Ein Wort zuvor

Klein, aber fein! – so denken nicht nur die Slowenen über ihr eigenes Land. Auf wenig Raum gibt es viel Interessantes: die pulsierende Hauptstadt Ljubljana, mediterranes Flair an der Küste, Sportmöglichkeiten in den Alpen, wunderbare Naturschutzgebiete, Köstliches für den Magen sowie zahlreiche Kulturangebote für die Sinne. Seit der Unabhängigkeit 1991 und der EU-Mitgliedschaft 2004 ist Slowenien politisch und wirtschaftlich ein stabiler Partner in Europa. Viele Slowenen sprechen Englisch, Deutsch oder Italienisch, trotzdem freuen sie sich sehr, wenn ausländische Besucher zumindest einige Sätze Slowenisch sprechen. Mit „Einstieg slowenisch" möchten wir Ihnen die Sprache, die Kultur sowie Land und Leute näher bringen. Vom Büroalltag bis zur Autopanne, ob Einkauf oder Arzt, Konzertkasse oder Bahnschalter – in diesem Buch finden Sie viele Alltagssituationen, die Ihnen helfen sollen, sich in Slowenien auch sprachlich zurechtzufinden. Nun laden wir Sie ein, Robert Lang aus Wien bei seinem einjährigen Arbeitsaufenthalt in Ljubljana zu begleiten. Robert wird herzlich empfangen und fühlt sich bald wie zu Hause. Mit seiner Freundin Lisa erkundet er das Land und entdeckt dabei die Vielfalt der Sprache und seiner neuen Umgebung. Wir hoffen, dass dieses Buch auch Ihnen hilft, Lektion für Lektion mit dem Slowenischen und Slowenien vertrauter zu werden. Viel Freude und Erfolg beim Einstieg ins Slowenische!

Susanne Weitlaner und *Tatjana Vučajnk*

G

Gebrauchsanweisung

Dieser Kurs ist als Selbstlernkurs konzipiert: Alle Hinweise und Kommentare, die Sie zum Verständnis und als Anleitung brauchen, finden Sie in der farblich abgesetzten Randspalte – von Erläuterungen zu den einzelnen Übungen über grammatische Regeln bis hin zu griffigen Eselsbrücken.

Sie finden in diesem Buch 20 Lektionen, in denen Sie den Protagonisten Robert auf seiner Reise nach Slowenien begleiten. Mit ihm lernen Sie Slowenisch in verschiedenen alltäglichen Gesprächssituationen: Begrüßung, einkaufen, im Büro, Hotel und Gasthaus, Termine absprechen, Freizeit planen ... Alle Lektionen sind gleich aufgebaut. Sie finden sich also immer sofort zurecht.

- Der Einführungstext: Auf der ersten Seite jeder Lektion lesen Sie auf Deutsch, worum es in den beiden Dialogen der Lektion geht.
- Neue Wörter und Dialog A: Zuerst werden alle neuen Vokabeln vorgestellt, dann folgt der Dialog A: ein kurzes Gespräch zwischen Robert und seinem Arbeitskollegen David oder seiner Freundin Lisa, die slowenische Wurzeln hat und ihm nachreist oder mit anderen slowenischen Gesprächspartnern, denen er gerade begegnet. Dies alles finden Sie auch als Hörtext, den Sie sich am besten gleich ein paar Mal anhören. Trauen Sie sich, sprechen Sie halblaut mit, so prägt sich manches besser ein.
- Die Übungen: Auf der dritten Seite trainieren Sie Wortschatz, Grammatik, Aussprache und Kommunikation. Mindestens eine Übung pro Lektion findet sich auch als Hördatei zum Nachsprech- und Aussprachtraining. Wiederholen Sie diese Übungen immer mal wieder – das hilft beim Sprechen, Verstehen und Verstanden werden. Wenn Sie bei der einen oder anderen Übung nicht weiter wissen, können Sie im Lösungsschlüssel am Buchende nachschauen.
- Für den zweiten Teil der Lektion (Dialog B und nachfolgende Übungen) gilt das Gleiche.
- Der Lesetext rundet die Lektion ab. Hier finden Sie Wissenswertes über Land und Leute. Je mehr Sie die nationalen Besonderheiten kennen und verstehen, umso leichter wird es Ihnen fallen, sich sprachlich und kulturell zurechtzufinden.

Tipp: Auf einigen Dialogseiten finden Sie interessante Zusatzinformationen: Mal geht es um Besonderheiten bei der Aussprache, mal um Wortableitungen oder Hintergründe – nutzen Sie diesen Service!

Was Sie sonst noch erwartet

- Nach jeder Lerneinheit (nach Lektion 4, 8, 12, 16, und 20) erwartet Sie ein kleiner Test, in dem Sie ihre Lernfortschritte unter Beweis stellen können.
- Der Lösungsschlüssel im Anhang hält neben Antworten zu den Tests auch alle Lösungen zum Übungsteil und einige interessante Informationen bereit.
- Ein kurzer Grammatiküberblick mit Listen, Übersichten und weiteren Beispielen fasst das Gelernte kompakt zusammen.

- Die Wörterliste enthält alle slowenischen Wörter, die in diesem Buch vorkommen. Wenn Sie alle Dialoge durchgearbeitet haben, entspricht diese Liste nun Ihrem aktiven und passiven Wortschatz.

Die Hörtexte

Um auch Ihr Hörverständnis zu schulen und Sie für die richtige Aussprache zu sensibilisieren, haben wir für Sie Hörübungen vorbereitet. Bei Slowenisch besonders wichtig: Die Betonung der Wörter ist frei und muss mitgelernt werden. Spitzen Sie also die Ohren! Mit den Ausspracheregeln und Hörübungen wird Ihnen auch die Aussprache bald nicht mehr schwerfallen. Mit ein bisschen Übung werden Sie die Slowenen verstehen und auch selbst auch verstanden werden.

Für das Hören schlagen wir vor:

- Erstes Anhören bei geöffnetem Buch. Auf die Aussprache achten, besonders auf die Wortbetonung. Versuchen Sie sich die Bedeutung einzuprägen. Ruhig ein paar Mal hintereinander reinhören. Nach jedem Wort lassen wir eine kleine Pause, die Ihnen Zeit zum Nachsprechen gibt. Keine übertriebene Zurückhaltung: Gewöhnen Sie sich schon früh an Ihre Stimme in der Fremdsprache.
- Der Dialog A sollte, nachdem Sie die Wörter geübt haben, keine großen Schwierigkeiten mehr bereiten. Alle neuen Wörter lernen Sie jetzt im Kontext kennen. Achten Sie auf die Satzmelodie und Betonung. Ein bisschen Übertreibung schadet nicht und schafft Sicherheit – keine Sorge, wenn's beim Nachsprechen anfangs nicht sofort klappt, beim nächsten Mal wird's besser.
- Mindestens eine Übung pro Lektion findet sich auch als Hördatei. Legen Sie das Buch mal aus der Hand, verlassen Sie sich auf Ihr Gehör. Ein kurzer Gong sagt Ihnen, wann Sie mit dem Sprechen an der Reihe sind. Anschließend hören Sie die Lösung.
- Für den zweiten Teil der Lektion (Dialog B und nachfolgende Übungen) gilt das Gleiche wieder entsprechend.

Alle Vokabellisten, Dialoge und Übungen, die Sie anhören können, sind mit diesem Piktogramm versehen:

Die Zahl gibt an, unter welcher Tracknummer der entsprechende Hörtext zu finden ist.

1

Los geht's!

Aussprache
Slowenische Städte

2

***Č**rnomelj*
č = tsch wie Tscheche
Zwischen Konsonant und *r* wird ein reduziertes e gesprochen.

***Š**oštanj*
š = sch wie Schule

***C**elje*
c = c wie Cäsar

*Se**ž**ana*
ž = j wie Journal

*Tr**z**in*
z = stimmhaftes s wie in Rose

*Med**v**ode*
v = w wie Wald

***Lj**ub**lj**ana*
lj = lj wie in Kolja. Das *j* ist kaum zu hören, *l* und *j* verschmelzen zu einem weichen l.

Robert Lang sitzt im Auto und gibt *Ljubljana* in das Navigationsgerät ein. Heute Nachmittag soll er erstmals die slowenischen Geschäftspartner treffen, mit denen seine Wiener Firma künftig zusammenarbeiten wird.
Robert ist schon öfter durch Slowenien gefahren, aber zu mehr als einem Tankstopp ist es bisher nicht gekommen. Das soll nun anders werden, denn seine Freundin Lisa, deren Mutter aus Slowenien stammt, möchte Roberts Geschäftsreise mit einem Urlaub in Slowenien verbinden. Sie wird in drei Tagen mit dem Zug nachkommen. Zwar sprechen die slowenischen Geschäftspartner Englisch und Deutsch, doch Robert hat sich vorgenommen, Slowenisch zu lernen und daher an der Volkshochschule einige Kurse besucht. An der slowenischen Grenze hält Robert und kauft eine Autobahnvignette. *Dober dan!* (Guten Tag!), begrüßt er die Verkäuferin. *Želite, prosim?* (Sie wünschen, bitte?), wendet sich diese ihm freundlich zu. Robert sagt: *Mesečno vinjeto, prosim.* (Eine Monatsvignette, bitte.) Die Frau überreicht ihm den Aufkleber: *Izvolite* (Bitte sehr). Robert bedankt sich mit einem *hvala* (danke) und verabschiedet sich: *Nasvidenje!* (Auf Wiedersehen!) Die Frau wiederum wünscht ihm eine *srečno pot!* (gute Fahrt!)
Vier Stunden später steht Robert im Büro seines Geschäftspartners: *Dobrodošli, gospod Lang* (Willkommen, Herr Lang), begrüßt ihn Matej Novak gutgelaunt: *Kako ste?* (Wie geht es Ihnen?) *Hvala, dobro* (Danke, gut), entgegnet Robert, *in vi?* (und Ihnen?) Herrn Novak geht es *tudi* (auch) prima, vor allem erstaunen ihn Roberts Sprachfertigkeiten: *Dobro govorite slovensko.* (Sie sprechen gut Slowenisch.)

Srečno pot!

1 A

3

dober, dobra, dobro	gut (Adjektiv)
dan	Tag
dober dan!	guten Tag!
želite?	Sie wünschen?
prosim	bitte
mesečna	Monats-
mesečna vinjeta	Monatsvignette
izvolite	bitte sehr, hier haben Sie
hvala	danke
nasvidenje!	auf Wiedersehen!
srečno pot!	gute Reise!

■ Dober dan!	Guten Tag!
● Dober dan!	Guten Tag!
Želite, prosim?	Sie wünschen, bitte?
■ Mesečno vinjeto, prosim.	Eine Monatsvignette, bitte.
● Izvolite.	Bitte sehr. Hier haben Sie.
■ Hvala. Nasvidenje!	Danke. Auf Wiedersehen!
● Srečno pot!	Gute Reise!

(vi) želite:
1. Sie wünschen
2. ihr wünscht

Im Slowenischen muss man die Personalpronomen (ich, du, Sie ...) nicht verwenden, denn man erkennt die Person an der **Verb-Endung**:
*želi**m*** **(ich** wünsche)
*želi**te*** **(ihr** wünscht, **Sie** wünschen)

Zweimal „bitte"
1. *prosim*
(wörtl.: ich bitte = bitte)
Wenn man um etwas bittet.
2. *izvoli*
(du-Form: bitte sehr)
izvolite
(Sie-Form: bitte sehr)
Wenn man jemandem etwas überreicht.

Srečno pot!
(wörtl.: Glücklicher Weg! = Gute Reise!) Zum Abschied sagt man oft einfach nur *srečno!*, egal ob man per Du oder per Sie ist.

Übungen

Machen Sie eine kleine Reise durch Slowenien und üben Sie schon mal die richtige Aussprache dieser Städte!

1. Slowenische Städte

4

1. Ljubljana
2. Celje
3. Maribor
4. Črnomelj
5. Šoštanj
6. Portorož
7. Kranj
8. Sežana
9. Medvode
10. Trzin

Finden Sie die deutsche Entsprechung der slowenischen Phrasen?

2. Was passt zusammen?

1. Dober dan!
   - a ☐ Guten Morgen!
   - b ☐ Guten Tag!
2. Želite, prosim?
   - a ☐ Sie wünschen, bitte?
   - b ☐ Gute Reise!
3. Mesečna vinjeta.
   - a ☐ Monatsvignette.
   - b ☐ Bitte sehr.
4. Srečno pot!
   - a ☐ Auf Wiedersehen!
   - b ☐ Gute Reise!
5. Izvolite.
   - a ☐ Bitte sehr.
   - b ☐ Danke.

Welche Teile gehören zusammen? Dialog A hilft Ihnen – wenn nötig – bei der Übung.

3. Verbinden Sie die richtigen Teile!

1. Srečno
2. Dober
3. Mesečna
4. Želite,
5. Izvolite.

- a ☐ Hvala.
- b ☐ vinjeta.
- c ☐ prosim?
- d ☐ pot!
- e ☐ dan!

Hier sollen Sie die slowenischen Begriffe den deutschen zuordnen. Das dürfte Ihnen nicht schwerfallen.

4. Was passt zusammen?

1. Hvala.
2. Dober dan!
3. Izvolite.
4. Srečno pot!
5. Prosim.

- a ☐ Guten Tag!
- b ☐ Gute Reise!
- c ☐ Bitte.
- d ☐ Danke.
- e ☐ Bitte sehr.

Sie sind sich noch unsicher, ob *č*, *š* oder gar *ž* fehlt? Hören Sie genau zu und tragen Sie die fehlenden Buchstaben ein!

5. Welcher Buchstabe fehlt?

5

1. Sre_no pot!
2. _elite, prosim?
3. Mese_na vinjeta.
4. _o_tanj
5. Se_ana
6. _rnomelj

Kako ste?

1 B

6

dobrodošli	willkommen
gospod	Herr
me veseli	es freut mich
da	dass
ste	Sie sind, ihr seid
tukaj	hier
kako ste?	wie geht es Ihnen?
dobro	gut (Adverb)
in	und
vi	Sie, ihr
tudi	auch
govorite	Sie sprechen, ihr sprecht
slovensko	slowenisch (Adverb), Slowenisch (Sprache)

■ Dobrodošli, gospod Lang.	Willkommen, Herr Lang.
● Dober dan, gospod Novak.	Guten Tag, Herr Novak.
■ Me veseli, da ste tukaj. Kako ste?	Freut mich, dass Sie hier sind. Wie geht es Ihnen?
● Hvala, dobro. In vi?	Danke, gut. Und Ihnen?
■ Tudi dobro. Dobro govorite slovensko.	Auch gut. Sie sprechen gut Slowenisch.
● Hvala.	Danke.

***gospa* (Frau)**
Da Sie in Slowenien nicht nur mit Herren zu tun haben werden, hier die weibliche Entsprechung:
*Dober dan, **gospa** Novak!*
(Guten Tag, **Frau** Novak!)

Betonungen
Im Slowenischen ist die Betonung der Wörter eine launische, sprunghafte Dame und muss jeweils mitgelernt werden.

vi
1. Höflichkeitsform Sie
2. ihr
*In **vi**?* (Und **ihr/Sie**?)
***Vi** govorite.*
(**Sie** sprechen. **Ihr** sprecht.)

Sprachen
1. Man spricht ...

slovensko	(Slowenisch)
angleško	(Englisch)
nemško	(Deutsch)
italijansko	(Italienisch)
hrvaško	(Kroatisch)
madžarsko	(Ungarisch)

2. Die Sprache heißt ...
slovenščina (Slowenisch, das Slowenische, die slowenische Sprache)

angleščina	(Englisch)
nemščina	(Deutsch)
italijanščina	(Italienisch)
hrvaščina	(Kroatisch)
madžarščina	(Ungarisch)

1 B

Übungen

Vaja dela mojstra. (Übung macht den Meister.) Sprechen Sie die folgenden Phrasen nach und markieren Sie die Betonung!

1. Launische Dame

7

1. Dobrodošli!
2. Me veseli, da ste tukaj.
3. Kako ste?
4. Hvala, dobro.
5. In vi?
6. Tudi dobro.
7. Dobro govorite slovensko.
8. Hvala.

Hier sprechen Sie einige bekannte Slowenen und Sloweninnen höflich mit *gospod* bzw. *gospa* an. Das Wichtigste über die Damen und Herren erfahren Sie im Lösungsschlüssel.

2. Slowenische Persönlichkeiten

8

Gospod Slavoj Žižek!

1. Slavoj Žižek
2. France Prešeren
3. Tina Maze
4. Ivana Kobilca
5. Jurij Vega
6. Vlado Kreslin
7. Anton Martin Slomšek
8. Zofka Kveder

Ihr erster Übersetzungsauftrag! Wie lauten die Sätze auf Slowenisch?

3. Richtige Übersetzung

1. Guten Tag, Frau Novak!
2. Wie geht es Ihnen?
3. Danke, gut.
4. Sie sprechen gut Slowenisch.
5. Danke, freut mich.

Haben Sie Lust auf eine kleine Herausforderung? Ergänzen Sie die jeweilige Sprache! Die meisten werden Sie gleich erkennen. Nummer neun sprechen die südlichen, Nummer zehn die östlichen Nachbarn Sloweniens.

4. Sprachbegabt

9

*Dobro govorite **slovensko**.*

1. slovensko
2. nemško
3. špansko
4. rusko
5. italijansko
6. srbsko
7. francosko
8. angleško
9. hrvaško
10. madžarsko

Und nun fügen Sie bitte die Sprachen zusammen: links stehen die Adverbien, rechts die Nomen.

5. Ordnen Sie zu!

1. madžarsko
2. nemško
3. angleško
4. hrvaško
5. slovensko

a ☐ hrvaščina
b ☐ nemščina
c ☐ slovenščina
d ☐ madžarščina
e ☐ angleščina

Klein, aber vielfältig

1

Slovenščina (Slowenisch) gehört zu den slawischen, genauer gesagt zu den südslawischen Sprachen und wird in Slowenien sowie den Grenzgebieten Italiens, Österreichs, Ungarns und Kroatiens gesprochen. Slowenische Auswanderergemeinschaften gibt es vor allem in den USA, in Australien und Argentinien. In Slowenien bezeichnen sich etwa 2,2 Millionen als slowenische Muttersprachler. So klein der slowenische Sprachraum auch ist, so groß sind die dialektalen Unterschiede. Gerade am Anfang machen die Dialekte dem Lerner Schwierigkeiten, aber mit einem *Oprostite, ne razumem dobro slovensko* (Entschuldigen Sie, ich verstehe Slowenisch nicht gut) bremsen Sie den Redefluss ihrer slowenischen Gesprächspartner, und dann werden diese sich um ihr schönstes Slowenisch bemühen.
Im Dialekt und in der Umgangssprache findet man, je nach Region, Einflüsse der Nachbarsprache oder des Englischen. Die Jugendlichen finden vieles *kul* (cool), der Heimwerker verwendet den *šraufenciher* (Schraubenzieher) und im Küstenland *Primorska*, das an Italien grenzt, ist die Oma die *nona*, ähnelt also sehr dem italienischen nonna.
Aber auch ins Standard-Slowenische haben viele Wörter aus anderen Sprachen Eingang gefunden: *čokolada* (Schokolade), *špageti* (Spaghetti), *garaža* (Garage), *televizija* (Fernsehen), *policija* (Polizei), *organizacija* (Organisation), *banka* (Bank), *avto* (Auto), *univerza* (Universität), *evro* (Euro) und viele andere. Haben Sie sich erst einmal an die slowenische Schreibweise gewöhnt, werden Sie Spaß daran haben, die Fremdwörter zu entdecken.
Aber nun genug der Theorie: *Veselo na delo!* (Fröhlich an die Arbeit!)

Die ersten slowenischen Schriftstücke sind die sog. ***Brižinski spomeniki*** (Freisinger Denkmäler), kirchliche Texte in lateinischer Schrift aus dem Stift Freising in Bayern, die um das Jahr 1000 entstanden sind.

Der Reformator **Primož Trubar** übersetzte das Neue Testament ins Slowenische. Damit setzte er 1582 einen Grundstein für die moderne slowenische Sprache.

Mitte des 19. Jahrhunderts wurde die **Rechtschreibung** der heutigen slowenischen Schriftsprache inklusive der Buchstaben *š, č, ž* festgelegt.

Mit der Gründung des Staates *Jugoslavija* (Jugoslawien) 1945 wurde das Slowenische erstmals als **Staatssprache** anerkannt. Seit 1991 ist es die Amtssprache der eigenständigen *Republika Slovenija* (Republik Slowenien) und durch den EU-Beitritt Sloweniens 2004 auch offizielle Sprache der Europäischen Union.

2

Ein neuer Mitarbeiter

Die ***obvoznica*** (Ringautobahn, wörtl.: Umfahrungsstraße) rund um Ljubljana ist zu den Stoßzeiten regelmäßig verstopft. Die Slowenen pendeln nämlich lieber mit dem Auto zur Arbeit, da Ljubljana sehr zentral liegt, und in alle vier Himmelsrichtungen Autobahnen führen. Busse und Bahnen wiederum kommen meist nur langsam voran und gelten daher nicht als Alternative. Es gibt allerdings vermehrt private Fahrgemeinschaften, die sich übers Internet zusammenschließen.
Von 1901 bis 1958 gab es in Ljubljana eine Straßenbahn, die man stilllegte, als Busse modern wurden. Nun soll sie reaktiviert werden.

Gorenjska (Oberkrain) ist durch die erfolgreiche volkstümliche Musikgruppe von Slavko Avsenik und seinen Originalen Oberkrainern auch in den Nachbarländern ein Begriff geworden.

Robert Lang ist schon gespannt auf seine neuen Kollegen. Als er am nächsten Tag Herrn Novak ein *dobro jutro* (guten Morgen) wünscht, führt ihn dieser zu einem Besprechungsraum: *Sestanek je tukaj* (Die Sitzung ist hier). Doch Robert blickt ein wenig ratlos: *Oprostite* (Entschuldigen Sie), *ne razumem dobro* (ich verstehe nicht gut). Hat Herr Novak etwa die Slowenischkenntnisse seines neuen Mitarbeiters ein wenig überschätzt? *Govorim prehitro?* (Spreche ich zu schnell?), fragt er überrascht. *Ja, malo* (Ja, ein wenig), muss unser sichtlich konsternierter Robert zugeben.
Doch Robert hat nur wenige Sekunden Zeit, um zerknirscht zu sein. Im Konferenzraum kommt ihm direkt ein sympathisch lächelnder Mittvierziger entgegen: *Jaz sem David Križman* (Ich bin David Križman). Die beiden schütteln sich die Hände. *Jaz sem tudi vaš sodelavec* (Ich bin auch Ihr Mitarbeiter), stellt sich Roberts neuer Kollege vor. *Od kod ste?* (Woher sind Sie?), möchte Robert wissen. *Iz Kranja* (Aus Kranj), antwortet Herr Križman. Aha, also aus der viertgrößten Stadt Sloweniens, die nahe der Alpen in der Region *Gorenjska* (Oberkrain) liegt. Aber auch Herr Križman ist neugierig: *In vi?* (Und Sie?) Als er hört, dass Robert *z Dunaja* (aus Wien) stammt, ruft er erfreut aus: *Lepo!* (Schön!), denn in *Dunaj* (Wien) hat er schon einige schöne Wochenenden verbracht.
Tja, nur schade, dass Metka Logar, als *tajnica* (Sekretärin) quasi die wichtigste Kraft im Büro, heute anderweitig unterwegs ist. Also erkundigt sich Robert bei seinem Kollegen nach ihr: *In od kod je tajnica?* (Und woher ist die Sekretärin?) Er erfährt, dass Frau Logar eine richtige Hauptstädterin ist, denn *Metka je iz Ljubljane* (Metka ist aus Ljubljana).

Oprostite, ne razumem dobro

2 A

10

dobro jutro!	guten Morgen!
sestanek	Sitzung
je	ist
oprostite	entschuldigen Sie
ne	nicht, nein
razumem	ich verstehe
govorim	ich spreche
prehitro	zu schnell
ja	ja
malo	wenig, ein wenig

■ Dober dan, gospod Lang.	Guten Tag, Herr Lang.
● Dobro jutro, gospod Novak.	Guten Morgen, Herr Novak.
■ Kako ste?	Wie geht es Ihnen?
● Hvala, dobro. In vi?	Danke, gut. Und Ihnen?
■ Dobro. Sestanek je tukaj.	Gut. Die Sitzung ist hier.
● Oprostite, ne razumem dobro.	Entschuldigen Sie, ich verstehe nicht gut.
■ Govorim prehitro?	Spreche ich zu schnell?
● Ja, malo.	Ja, ein wenig.
■ Oprostite.	Entschuldigen Sie.

Betonung
*Opr**o**sti!* (Entschuldige!)
*Opr**o**stite!* (Entschuldigen Sie!)

biti	(sein)
jaz ***sem***	(ich **bin**)
ti ***si***	(du **bist**)
on/ona/ono ***je***	(er/sie/es **ist**)
mi ***smo***	(wir **sind**)
vi ***ste***	(ihr seid, Sie **sind**)
oni ***so***	(sie **sind**)

Die Verben werden meist ohne Personalpronomen verwendet, außer man betont diese:
Sem *Peter*. (**Ich bin** Peter.)
Jaz *sem Peter*. (**Ich** bin Peter.)

Meist enden die Verben im Infinitiv auf *-ti*. Es gibt regelmäßige und unregelmäßige Verben. An den Endungen erkennen Sie die Person.

*govori**ti***	(sprechen)
*govori**m***	(**ich** spreche)
*govori**š***	(**du** sprichst)
govori	(**er/sie/es** spricht)
*govori**mo***	(**wir** sprechen)
*govori**te***	(**ihr** sprecht, **Sie** sprechen)
*govori**jo***	(**sie** sprechen)

Ebenso:
*prosi**ti*** (bitten)
*prosi**m*** (ich bitte) etc.
*razume**ti*** (verstehen)
*razume**m*** (ich verstehe) etc.

Verneinung
ne + Verbform:
razumem (ich verstehe) →
ne *razumem* (ich verstehe **nicht**)
Das gilt aber nicht für die Verben *biti* (sein) und *imeti* (haben).

Übungen

Hören Sie genau auf die wechselnden Betonungen und sprechen Sie die Phrasen korrekt aus!

1. Achten Sie auf die Betonung!

11

1. Oprosti!
2. Oprostite!
3. Gospod Lang.
4. Gospa Lang.
5. Kako ste?
6. Hvala, dobro.
7. Govorim hitro?
8. Ja, malo.
9. Dobro govorite nemško.
10. To je Metka Logar, naša tajnica.

Finden Sie die deutsche Entsprechung der slowenischen Phrasen?

2. Was passt zusammen?

1. Gospod Lang.
   a ☐ Herr Lang.
   b ☐ Frau Lang.
2. Oprostite!
   a ☐ Entschuldige!
   b ☐ Entschuldigen Sie!
3. Govorim prehitro?
   a ☐ Spreche ich zu schnell?
   b ☐ Spreche ich schnell?
4. Ne razumem dobro.
   a ☐ Ich verstehe Sie nicht gut.
   b ☐ Ich verstehe Sie gut.
5. Sestanek je tukaj.
   a ☐ Die Sitzung ist hier.
   b ☐ Die Sekretärin ist hier.

Nein, nein und noch einmal nein? Üben Sie, nein zu sagen!

3. Neinsager

12

***Ne** razumem dobro slovensko.*

1. Razumem dobro slovensko.
2. Govoriš hitro.
3. Govorite angleško?
4. Razumete nemško?
5. Razumemo angleško.

Können Sie sich noch an die Formen des Verbs *biti* erinnern? Das Personalpronomen hilft Ihnen.
Die *Novakovi* sind die Novaks, also die Familie Novak.

4. Und wer sind Sie?

13

***Jaz sem** Valerija.*

1. jaz – Valerija
2. ti – Peter
3. on – Vlado
4. ona – Metka
5. mi – Ana, Peter in David
6. vi – gospa Mlakar
7. vi – gospod Križman
8. oni – Novakovi

Das klingt auch auf Slowenisch schön. Übersetzen Sie bitte!

5. Auf Slowenisch

1. Guten Morgen, Sie wünschen bitte?
2. Entschuldigung, sind Sie Frau Logar?
3. Ja, ich bin Metka Logar.
4. Sprechen Sie Deutsch?

Od kod ste?

2 B

14

vaš, vaša, vaše	Ihr, euer
sodelavec	Mitarbeiter
od kod?	woher?
iz, z, s	aus
z Dunaja	aus Wien
lepo	schön (Adverb)
tajnica	Sekretärin

■ Dobrodošli, gospod Lang. Jaz sem David Križman.	Willkommen, Herr Lang. Ich bin David Križman.
● Me veseli, gospod Križman. Dober dan.	Freut mich, Herr Križman. Guten Tag.
■ Jaz sem tudi vaš sodelavec.	Ich bin auch Ihr Mitarbeiter.
● Me veseli. Od kod ste?	Freut mich. Woher sind Sie?
■ Iz Kranja. In vi?	Aus Kranj. Und Sie?
● Z Dunaja.	Aus Wien.
■ O, z Dunaja! Lepo!	Ach, aus Wien! Schön!
● In od kod je tajnica Metka Logar?	Und woher ist die Sekretärin Metka Logar?
■ Metka je iz Ljubljane.	Metka ist aus Ljubljana.

Substantive
1. Sie werden bis auf Eigennamen wie *Marko* oder *Dunaj* (Wien) kleingeschrieben: *tajnica* (Sekretärin).
2. Sie haben keinen Artikel: *gospod* (**der/ein** Herr).
3. Die Endungen verraten das grammatische Geschlecht:
Maskulina (m) enden meist auf **Konsonant**: *sodelave**c*** (Mitarbeiter), *da**n*** (Tag), *Kran**j***.
Feminina (f) meist auf ***-a***: *vinjet**a*** (Vignette), *Ljubljan**a***.
Neutra (n) meist auf ***-o*** oder ***-e***: *vin**o*** (Wein), *Celj**e***.

iz **(aus/von)**
Die Präposition *iz* verlangt den Genitiv. Die Endung der Substantive ändert sich dann wie folgt:
(m) *Maribor → iz Maribor**a***
(f) *Ljubljan**a** → iz Ljubljan**e***
(n) *Celj**e** → iz Celj**a***
(n) *Kršk**o** → iz Kršk**ega***

Achtung, manche Orte haben statt *iz* die Präposition **z** bzw. ***s***:
Dunaj → ***z*** *Dunaj**a*** (**aus** Wien)
Ptuj → ***s*** *Ptuj**a*** (**aus** Ptuj)

Übungen

1. Aus welcher Stadt sind Sie?

15

Hier sollen Sie die Städtenamen in den Genitiv setzen, d. h. die Endungen ändern sich. Und achten Sie auch auf die jeweilige Präposition: *iz*, *z* oder *s*?

*Sem **iz Maribora**.*

1. Maribor
2. Portorož
3. Celje
4. Črnomelj
5. Postojna
6. Ljubljana
7. Sežana
8. Krško
9. Ptuj
10. Dunaj

2. Was passt zusammen?

Hier sollen keine Phrasen gedroschen, sondern zugeordnet werden!

1. Me veseli.
   a ☐ Ich bin lustig.
   b ☐ Es freut mich.
2. Od kod ste?
   a ☐ Woher sind Sie?
   b ☐ Und Sie?
3. In vi?
   a ☐ Und Sie?
   b ☐ Woher sind Sie?
4. Lepo!
   a ☐ Schon!
   b ☐ Schön!

3. Was fehlt?

Setzen Sie die passende Form von *biti* ein!

je – smo – ste

1. Marko Križman ________ iz Kranja.
2. Sodelavec ________ iz Ljubljane.
3. A ________ z Dunaja?
4. Mi ________ iz Celja.
5. Gospod Lang ________ z Dunaja.

4. Aus welchem Land?

16

Die Sekretärin hat sich nur Stichwörter notiert. Wie lautet der Satz im Ganzen?
4. *Švica* (Schweiz)
6. *ZDA = Združene države Amerike* (Vereinigte Staaten von Amerika)

*Gospa Križman je iz **Slovenije**.*

1. gospa Križman – Slovenija
2. gospod Lang – Avstrija
3. Klara – Nemčija
4. Urs – Švica
5. Jaqueline – Francija
6. Jack – ZDA

5. Woher?

Eine kleine Übersetzungsherausforderung. Wagen Sie es?

1. Seid ihr aus Kranj?
2. Ich bin aus Celje.
3. Sind Sie aus Ljubljana?
4. Herr Lang ist aus Wien.
5. Wir sind aus Maribor.

Arbeit

Das Bild des braven, arbeitsamen Slowenen wird gerne gepflegt. Vor dem Zusammenbruch Jugoslawiens stand Slowenien, gemessen an der Wirtschaftsleistung je Einwohner, an erster Stelle der jugoslawischen Teilrepubliken. Nach der Unabhängigkeit Sloweniens 1991 verlor der junge Staat den innerjugoslawischen Binnenmarkt, was vor allem die Industriestadt Maribor zu spüren bekam. Eine hohe Arbeitslosigkeit war die Folge.

Doch die Wirtschaft des Landes erholte sich relativ schnell, und nach dem Beitritt zur Europäischen Union 2004 und der Euro-Einführung 2007 wurde Slowenien immer wieder als Musterschüler unter den neuen Beitrittsländern bezeichnet. Allerdings verschonte die Eurokrise auch die Slowenen nicht. Seitdem versuchen alle Beteiligten, den Negativtrend aus Minuswachstum, hoher Staatsverschuldung und steigenden Arbeitslosenzahlen umzukehren. Viele Slowenen suchten und suchen in den benachbarten Ländern eine Arbeit und pendeln zum Beispiel von Maribor oder Murska Sobota ins ca. eine Stunde entfernte österreichische Graz. Wenngleich ausländische Firmen die slowenische Bürokratie immer wieder kritisieren, so heben sie ihre Zufriedenheit mit den Arbeitskräften hervor. Gelobt wird deren Qualität, Ausbildung, Verfügbarkeit und Motivation.

Študentsko delo (Studentenarbeit) ist eine weit verbreitete Anstellungsform, die 2014 zu Gunsten der Arbeitnehmer reformiert wurde. Viele Slowenen machen sich auch selbstständig und führen ihre eigene Firma: *s.p. – samostojno podjetje* (selbstständiges Unternehmen), was auch ein Ein-Mann-Betrieb sein kann.

Die Slowenen liegen beim **Durchschnittsverdienst** im europäischen Mittelfeld. 2016 betrug der durchschnittliche Nettomonatslohn knapp 1.000 EUR bei sehr hohen Lohnnebenkosten.

Bemerkenswert ist, dass Slowenien das **niedrigste Lohngefälle zwischen Männern und Frauen** in der EU aufweist.

Zu den **größten Firmen** in Slowenien gehören Petrol (Erdöl), Mercator (Einzelhandel), Revoz (Renault) und Krka (Pharmazie). Bekannt sind im Ausland auch Elan (Ski, Snowboards) und Gorenje (Haushaltsgeräte).

3

Im Hotel

Ein Königreich für ein Bett
Wer nach Slowenien reist, hat eine große Bandbreite an Übernachtungsmöglichkeiten. Es gibt *hoteli* (Hotels) von einem bis fünf Sterne sowie *penzioni* (Pensionen) und Jugendherbergen. Oder Sie mieten sich ein *počitniška hiša* (Ferienhaus), eine *počitniško stanovanje* (Ferienwohnung) oder ein *apartma* (Appartement). Auf dem Land kann man auch bei so manchem *kmečki turizem* (Tourismus auf dem Bauernhof) übernachten.

Im Zentrum Ljubljanas liegt das Traditionshotel *Lev* (Löwe). Der Star unter jungen Touristen ist jedoch das ehemalige Gefängnis *Celica* (Die Zelle).

Nach der langen Autofahrt und der Kennenlernrunde mit seinen neuen Kollegen freut sich Robert nun auf sein Hotel.
Robert wünscht der Rezeptionistin einen *dober večer!* (guten Abend!) und nennt seinen Namen: *Ime mi je Robert Lang* (Ich heiße Robert Lang). Frau Novak, wie ihr Namensschild verrät, begrüßt ihren neuen Gast mit einem freundlichen *dobrodošli, gospod Lanz* (willkommen, Herr Lanz). Lanz? Hoffentlich ist es hier nicht zu einer Verwechslung gekommen, denkt sich Robert und wiederholt seinen Familiennamen. *Oprostite, kako se pišete?* (Entschuldigen Sie, wie ist Ihr Familienname?), fragt Frau Novak noch einmal nach. Robert buchstabiert seinen Nachnamen. *In kako vam je ime?* (Und wie ist Ihr Vorname?), erkundigt sie sich weiter und sucht im Computer nach der Reservierung. Ah ja, hier ist sie doch! Jetzt benötigt sie nur noch seinen Ausweis: *Vaše dokumente, prosim* (Ihre Dokumente, bitte). So, die Formalitäten wären geklärt. Aber Roberts Gepäck ist nun doch zu schwer: *Kje je dvigalo, prosim?* (Wo ist der Lift, bitte?) Frau Novak deutet in eine Richtung: *Tukaj, levo* (Hier links). Prima! Aber was, wenn er noch Lust auf einen Schlummertrunk bekommt? *In kje je bar?* (Und wo ist die Bar?) Die ist gleich in der Nähe: *Tam na levi* (Dort auf der linken Seite). Das Frühstück hingegen wird im *restavracija* (Restaurant) serviert, und das befindet sich *tam na desni* (dort auf der rechten Seite). Robert bedankt sich für die freundliche Auskunft und will schon Richtung Lift gehen, als ihm Frau Novak hinterherruft: *In tu je še vaš ključ* (Und hier ist noch ihr Schlüssel). Herrje! Den hätte er jetzt vor lauter Fragen fast vergessen: *Najlepša hvala* (Besten Dank). Endlich kann Robert sich auf sein Zimmer begeben.

3 A

Kako vam je ime?

17

dober večer!	guten Abend!
ime	(Vor-)Name
ime mi je ...	mein (Vor-)Name ist ...
kako?	wie?
pišete se ...	Ihr Nachname ist ...
pišem se ...	mein Nachname ist ...
vam	euch, Ihnen
dokumenti	Dokumente, Papiere

■ Dober večer!	Guten Abend!
● Dober večer!	Guten Abend!
■ Ime mi je Robert Lang.	Mein Name ist Robert Lang.
● Dobrodrošli, gospod Lanz.	Willkommen, Herr Lanz.
■ Lang!	Lang!
● Oprostite, kako se pišete?	Entschuldigen Sie, wie ist Ihr Nachname?
■ Pišem se Lang: L A N G.	Mein Nachname ist Lang: L A N G.
● Hvala. Kako vam je ime?	Danke. Wie ist Ihr Vorname?
■ Ime mi je Robert: R O B E R T.	Mein Vorname ist Robert: R O B E R T.
● Od kod ste?	Woher sind Sie?
■ Z Dunaja.	Aus Wien.
● Vaše dokumente, prosim.	Ihre Dokumente, bitte.
■ Izvolite.	Bitte sehr.
● Hvala lepa.	Danke schön.

Ihren Nachnamen, bitte!
Kako se pišete/pišeš? (wörtl.: Wie sich Sie schreiben/du schreibst? = Wie ist Ihr/dein Nachname?)
Auf die Frage *Kako vam je ime?* (Wie Ihnen ist Name?) können Sie auch mit Vor- und Nachnamen antworten.

Begrüßungen
dober dan (guten Tag)
dobro jutro (guten Morgen)
dober večer (guten Abend)
lahko noč (gute Nacht)

Possessivpronomen (Nom.)
(m) ***vaš** hotel* (**Ihr/euer** Hotel)
(f) ***vaša** tajnica* (**Ihre/eure** Sekretärin)
(n) ***vaše** ime* (**Ihr/euer** Name)
(Pl. m) ***vaši** dokumenti* (**Ihre/eure** Dokumente)
(Pl. Akk.) ***vaše** dokumente* (**Ihre/eure** Dokumente)

Achtung beim Konjugieren
Viele Verben enden in der ersten Person auf einen anderen Vokal als im Infinitiv, Sie sollten also immer beide Formen lernen:
*pis**a**ti* (schreiben)
*piš**e**m* (ich schreibe)
Danach wie gewohnt:
pišeš (du schreibst)
piše (er/sie/es schreibt)

Buchstabieren
Im Slowenischen buchstabiert man *a, b, c, č* ... und nicht a, be, ce ...

3 A

Übungen

Üben Sie mit unserem Sprecher die richtige Aussprache!

1. Sprechen Sie nach!

18

1. Dobro jutro.
2. Kako se pišete?
3. Pišem se Plečnik.
4. Kako vam je ime?
5. Ime mi je Jože.

Und wieder sollen Sie die deutschen Entsprechungen der slowenischen Phrasen finden!

2. Was passt zusammen?

1. Kako se pišete?	a ☐ Wie ist ihr Name? b ☐ Wie ist Ihr Nachname?
2. Kako vam je ime?	a ☐ Wie ist ihr Name? b ☐ Wie ist Ihr Nachname?
3. Hvala lepa.	a ☐ Bitte schön. b ☐ Danke schön.
4. Vaše dokumente, prosim.	a ☐ Ihre Papiere, bitte. b ☐ Deine Papiere, bitte.
5. Lahko noč!	a ☐ Gute Nacht! b ☐ Guten Morgen!

Vaš, *vaša*, *vaše* oder *vaši* – jeweils eines passt zum Substantiv. Welches?

3. Ihr oder euer?

1. __________ hotel	5. __________ sestanek
2. __________ sodelavec	6. __________ tajnica
3. __________ ime	7. __________ vino
4. __________ dokumenti	8. __________ mesečna vinjeta

A B C – die Katze lief im Schnee.
Buchstabieren Sie doch mal auf Slowenisch!

4. Slowenisches Alphabet

19

A	B	C	Č	D
E	F	G	H	I
J	K	L	M	N
O	P	R	S	Š
T	U	V	Z	Ž

Unser Sprecher buchstabiert Ihnen ganz langsam einige slowenische Namen. Für jeden Buchstaben ist ein Strich reserviert.

5. Buchstabierrätsel

20

1. _ _ _ _   _ _ _ _ _
2. _ _ _ _ _   _ _ _ _ _ _ _
3. _ _ _ _ _ _ _   _ _ _ _ _
4. _ _ _ _ _ _ _   _ _ _ _ _ _ _ _ _ _

Tukaj, levo

3 B

21

kje?	wo?
dvigalo	Lift
levo	links
bar	Bar
tam	dort
na levi	links
restavracija	Restaurant
na desni	rechts
še	noch
ključ	Schlüssel
najlepša hvala	besten Dank

■ Oprostite, gospa Novak.	Entschuldigen Sie, Frau Novak.
● Ja, prosim?	Ja, bitte?
■ Kje je dvigalo, prosim?	Wo ist der Lift, bitte?
● Tukaj, levo.	Hier, links.
■ In kje je bar?	Und wo ist die Bar?
● Tam na levi.	Dort auf der linken Seite.
■ In restavracija?	Und das Restaurant?
● Tam na desni. In tu je še vaš ključ.	Dort auf der rechten Seite. Und hier ist noch Ihr Schlüssel.
■ Najlepša hvala.	Besten Dank.

***Kje je ...?* (Wo ist ...?)**
na levi strani
(auf der linken Seite)
abgekürzt: *na levi* (links)
bzw. *levo* (links)
na desni strani
(auf der rechten Seite)
kurz: *na desni* (rechts) bzw.
desno (rechts)

Statt *tukaj* (hier) hört man oft auch nur *tu*.

„Danke“ können Sie auf vielerlei Arten sagen:
hvala (danke)
hvala lepa (danke schön)
najlepša hvala (besten Dank)

***hotel* (Hotel)**
recepcija (Rezeption)
prijavnica (Anmeldeformular)
prijaviti se, prijavim sem (anmelden = einchecken)
odjaviti se, odjavim se (abmelden = auschecken)
soba (Zimmer)
enoposteljna soba (Einzelzimmer)
dvoposteljna soba (Doppelzimmer)
številka sobe (Zimmernummer)
prosto (frei)
zasedeno (belegt)
prtljaga (Gepäck)
kovček (Koffer)
torba (Tasche)

3 B

Übungen

Tja, als Ortsunkundiger muss man sich erst einmal durchfragen: *Kje je ...?*

1. Wo ist ...?

22

*Kje je **hotel**?*

1. hotel
2. dvigalo
3. restavracija
4. kino
5. bar
6. vaš ključ

Welcher Ausdruck ist hier wohl jeweils passend: a oder b?

2. Verbinden Sie die richtigen Teile!

1. Gospa Novak. — a ☐ Herr Novak. b ☐ Frau Novak.
2. Tukaj, levo. — a ☐ Hier, links. b ☐ Hier, rechts.
3. Najlepša hvala. — a ☐ Besten Dank. b ☐ Danke schön.
4. Vaš ključ. — a ☐ Ihr Schlüssel. b ☐ Ihr Zimmer.

Tappen Sie nicht in die Deutschfalle: Die Artikel der, die, das entsprechen nicht immer den slowenischen Endungen für m/f/n. Bestimmen Sie jeweils das grammatische Geschlecht und übersetzen Sie!

3. Genderstudies

1. dvigalo
2. bar
3. vino
4. restavracija
5. ključ
6. gospod
7. gospa
8. noč
9. soba
10. prtljaga

Ein falscher Knopfdruck am PC und schon kam alles durcheinander. Wie lautet die richtige Übersetzung?

4. Was passt zusammen?

1. Tam.
2. Na desni.
3. Tukaj.
4. Levo.
5. Na levi.

a ☐ Auf der rechten Seite.
b ☐ Hier.
c ☐ Dort.
d ☐ Auf der linken Seite.
e ☐ Links.

Fragen Sie die Rezeptionistin Löcher in den Bauch! Aber natürlich auf Slowenisch.

5. Wo ist denn mein Schlüssel?

1. Entschuldigen Sie, wo ist hier der Lift?
2. Der Lift? Dort.
3. Ah ja, danke schön. Und der Schlüssel?
4. Ihr Schlüssel ist hier, bitte schön!
5. Gut, besten Dank!

SLOVEnija

Klein, aber fein, so präsentiert sich Slowenien auch dem Reisenden. Massentouristische Erscheinungen gibt es höchstens an den heißen Sommerwochenenden, wenn auch die Einheimischen aus den größeren Städten auf die Küstenstrände und Zufahrtsstraßen drängen.
Die landschaftliche Vielfalt bietet für jeden etwas – vom Skifahrer, Bergsteiger oder Wanderfreund über den Städtetouristen bis zum Bade- oder Wellnessurlauber. Beliebte Touristenattraktionen sind der Skiort Kranjska Gora, die Grotte von Postojna – auch als Adelsberger Grotte bekannt –, die Gemeinde Bled mit ihrem wunderschönen See, die Hauptstadt Ljubljana, Maribor – europäische Kulturhauptstadt 2012, das Küstenstädtchen Piran, der Kurort Rogaška Slatina oder das für seine Thermen berühmte Moravci. Slowenien punktet nicht nur mit Sehenswürdigkeiten, sondern auch mit verschiedensten Festivals wie den Metaldays in Tolmin und Rock Otočec in der gleichnamigen Ortschaft für die Freunde harter Rockmusik. Jazzfans wird es eher zum international bekannten Jazz-Festival in Cerkno ziehen, während sich das Festival Seviqc in Brežice der Aufführung alter Musik widmet. Eine breite Palette von Kindertheater, Volksmusik bis zu Pop- und Jazzkonzerten bietet das zweiwöchige Lent-Festival in Maribor. Deutlich länger, von Juli bis September, präsentiert die Hauptstadt mit ihrem Ljubljana-Festival ein umfangreiches Kulturangebot.
Traditionelle Umzüge und Bräuche werden das ganze Jahr über gefeiert. Der Faschingsumzug *kurentovanje* in Ptuj zieht jedes Jahr zahlreiche Touristen aus dem In- und Ausland an. Ein alter Brauch ist auch das Georgsfest, *jurjevanje*, das im Frühjahr in Črnomelj gefeiert wird.

Der **slowenische Tourismusverband** spielt mit dem englischen Wort love, das in ***Slove**nija* steckt – ein Land zum Gernhaben.
Auf seiner Homepage http://www.slovenia.info finden Sie zahlreiche Informationen zum vielfältigen Reiseland Slowenien.

Fakten zu Slowenien
Fläche: 20.273 qkm
Wälder: 65 %
Küste: 46 km
Einwohner: 2,07 Mio.
Flüsse: Sava, Drava, Kolpa, Savinja
Seen: Bohinjsko jezero, Blejsko jezero, Cerkniško jezero (Sickersee)
Gebirgszüge: Julijske Alpe, Kamniško-Savinjske Alpe, Karavanke
Höchster Berg: Triglav (2864 m)

4

Am Bahnhof

URBANA – kartica Urbana
(Ljubljana-Citycard)
Diese Karte ermöglicht in Ljubljana die bargeldlose Bezahlung im öffentlichen Nahverkehr sowie in diversen städtischen Museen. Sie dient auch als Ausweis für die Stadbibliothek. Man kann sie an den *urbanomat*-Automaten mit bis zu 50 Euro täglich aufladen. Es gibt sie in zwei Ausführungen: die gelbe *vrednostna kartica* (Wertkarte) und die grüne *terminska kartica* (Terminkarte). Die *terminska kartica* erhält man nur am Busbahnhof und bei den Verkaufsstellen der Verkehrsbetriebe *LPP* (*Ljubljanski potniški promet* = Ljubljaner Reiseverkehr). Sie ist nicht übertragbar.

Gut ausgeschlafen und nach einem ausgiebigen Frühstück macht sich Robert voller Vorfreude auf den Weg zum Bahnhof, denn heute soll Lisa mit dem Zug aus Wien ankommen. Als er einen freien Schalter sieht, wendet er sich an den dortigen Mitarbeiter: *Na kateri peron prispe vlak z Dunaja?* (An welchem Bahnsteig kommt der Zug aus Wien an?) *Na drugi peron* (an Bahnsteig zwei), kommt die prompte Antwort. *Ali je vlak točen?* (Ist der Zug pünktlich?), erkundigt sich Robert weiter. *Žal ne* (Leider nein), seufzt der Mitarbeiter nach einem kurzen Blick auf seinen Bildschirm: *Vlak ima 10 minut zamude* (Der Zug hat 10 Minuten Verspätung). Robert möchte die Wartezeit nutzen und schon mal Bustickets besorgen. *Oprostite* (Entschuldigen Sie), spricht er eine sympathisch aussehende Passantin an: *Kje lahko kupim vozovnico za avtobus?* (Wo kann ich eine Fahrkarte für den Bus kaufen?) *Tukaj* (Hier), antwortet diese entgegenkommend und zeigt auf den Schalter gleich nebenan. Vielleicht kann er sich bei ihr auch gleich nach dem Preis erkundigen: *Koliko stane vozovnica za avtobus?* (Was kostet eine Fahrkarte für den Bus?) *Evro dvajset* (ein Euro zwanzig), antwortet sie ohne Zögern. Aha, die Frau scheint sich wirklich auszukennen. *In kje lahko kupim kartico Urbana ?* (Und wo kann ich die Ljubljana-Citycard kaufen?), möchte Robert noch wissen, der im Internet schon von diesem interessanten Angebot gelesen hat. Die freundliche Dame gibt bereitwillig Auskunft: *Tam pri urbanomatu.* (Dort beim Citycard-Automaten.) Robert bedankt sich herzlich mit einem *najlepša hvala* (besten Dank) und schaut auf die Uhr. Oh, der Zug kommt gleich an. Er will Lisa nicht warten lassen und eilt zum Bahnsteig.

Vlak z Dunaja

4 A

24

na	auf, an
kateri, katera, katero?	welcher, welche, welches?
peron	Bahnsteig
prispe	er/sie/es kommt an
vlak	Zug
drugi	der zweite
ali	Fragepartikel (unübersetzbar)
točen, točna	pünktlich (m/f)
žal	leider
ima	er/sie/es hat
deset	zehn
minuta	Minute
zamuda	Verspätung

■ Dober dan. Na kateri peron prispe vlak z Dunaja?	Guten Tag. An welchem Bahnsteig kommt der Zug aus Wien an?
● Na drugi peron.	An Bahnsteig zwei.
■ Ali je vlak točen?	Ist der Zug pünktlich?
● Žal ne. Vlak ima deset minut zamude.	Leider nein. Der Zug hat zehn Minuten Verspätung.
■ Hvala.	Danke.

Verbeninfo
prispeti, prispem
(ankommen, ich komme an)
imeti, imam
(haben, ich habe)

Zahlen von 1 bis 20: 23
1: *ena*
2: *dve*
3: *tri*
4: *štiri*
5: *pet*
6: *šest*
7: *sedem*
8: *osem*
9: *devet*
10: *deset*
11: ***e**najst*
12: ***dva**najst*
13: ***tri**najst*
14: ***štiri**najst*
15: ***pet**najst*
16: ***šest**najst*
17: ***sedem**najst*
18: ***osem**najst*
19: ***devet**najst*
20: ***dvaj**set*

Auf der Straße (wie auch auf der Tonaufnahme) hört man häufig anstelle von *dve dva*.

Ali ...?
Das Wörtchen *ali* leitet eine Frage ein, die mit ja oder nein beantwortet wird. *Ali* kann auch zu *a* verkürzt werden oder ganz wegfallen. *Ali* benutzt man meist nur in formellen Situationen:
***Ali** je vlak točen?* =
***A** je vlak točen?* =
Je vlak točen?
(Ist der Zug pünktlich?)

Zweimal *ne*
1. nein: *Žal **ne**.*
(Leider **nein**.)
2. nicht: ***Ne** razumem.*
(Ich verstehe **nicht**.)

***Najst**niki* sind **Teen**ager.

4 A

Übungen

1. Zahlen entziffern

25

Zwei, zwölf oder zwanzig? Um sicher zu gehen, ob Sie die Zahlen auch richtig verstanden haben, schreiben Sie sie jeweils dazu!

enajst = ***11***

1. enajst
2. dve
3. trinajst
4. štiri
5. dvanajst
6. šest
7. dvajset
8. osem
9. devetnajst
10. osemnajst

2. Verbinden Sie!

Ordnen Sie jeweils die Lösung zu!

1. 17 — a ☐ šestnajst / b ☐ sedemnajst
2. 10 — a ☐ devet / b ☐ deset
3. 11 — a ☐ enajst / b ☐ ena
4. 5 — a ☐ petnajst / b ☐ pet

3. Pünktlich?

Desorientiert am Bahnhof? Gut, dass der Mitarbeiter der *SŽ* (*Slovenske železnice* = Slowenische Eisenbahnen) kompetent weiterhilft. Übersetzen Sie bitte!

1. Ali prispe vlak iz Maribora na drugi peron?
2. Ja. Vlak je točen.
3. Vlak ima petnajst minut zamude.
4. O, ne! Ima dvajset minut zamude.

4. Was folgt?

26

Zählen Sie jeweils die beiden folgenden Zahlen weiter!

dve – ***tri – štiri***

1. dve
2. šest
3. devet
4. štirinajst
5. osemnajst

5. Lücken stopfen

Setzen Sie die richtigen Präpositionen ein, damit die Sätze Sinn bekommen!

na – z – za

1. _____ kateri peron prispe vlak?
2. Vlak _____ Dunaja ima zamudo.
3. Hvala _____ informacije!
4. _____ drugi peron.

Kje lahko kupim vozovnico?

27

lahko	können
kupim	ich kaufe
vozovnica	Fahrkarte
za	für
avtobus	Bus
dobim	ich bekomme
kartica Urbana	Ljubljana-Citycard
pri	bei, am
urbanomat	Automat für die Ljubljana-Citycard
koliko?	wie viel?
stane	er/sie/es kostet
vožnja	Fahrt
evro	Euro

■ Oprostite, kje lahko kupim vozovnico za avtobus?	Entschuldigen Sie, wo kann ich eine Fahrkarte für den Bus kaufen?
● Tukaj.	Hier.
■ Koliko stane vozovnica?	Wie viel kostet die Fahrkarte?
● Ena vožnja stane evro dvajset.	Eine Fahrt kostet einen Euro zwanzig.
■ In kje dobim kartico Urbana?	Und wo bekomme ich die Ljubljana-Citycard?
● Tam pri urbanomatu.	Dort am Automaten.
■ Najlepša hvala.	Besten Dank.

Verbeninfo
kupiti, kupim
(kaufen, ich kaufe)
dobiti, dobim
(bekommen, ich bekomme)

lahko (können) bleibt gleich, nur das dazugehörige Verb ändert sich:
*Kje **lahko kupim** vozovnico?*
(Wo **können ich kaufe** eine Fahrkarte? = Wo **kann ich** eine Fahrkarte **kaufen**?)

Akkusativ (Sg.)
1. Bei (m/n) Substantiven ist der Akkusativ gleich dem Nominativ, mit Ausnahme belebter männlicher Substantive:
*To je **ključ*** (Das ist **ein Schlüssel**.) → *Imam **ključ***
(Ich habe **einen Schlüssel**.)
2. Bei (f) Substantiven wird aus der Endung ***-a*** ein ***-o***:
*To je vozovnic**a**.*
(Das ist eine Fahrkarte) →
*Kupim vozovnic**o**.*
(Ich kaufe eine Fahrkarte.)

***za* + Akkusativ (Sg.)**
*Hvala **za** vozovnic**o**.* (Danke **für** die Fahrkarte.)

Evro endet zwar auf *-o*, ist aber maskulin!

*en evr**o***	(ein Euro)
*dva evr**a***	(zwei Euro)
*trije evr**i***	(drei Euro)
*štirje evr**i***	(vier Euro)
*pet evr**ov***	(fünf Euro)

Von 5–100 lautet die Endung *evr**ov***, danach wiederholt sich das Muster von 1–4 Euro wieder:
*sto en evr**o*** (101 Euro) usw.

Achtung bei *stane* (es kostet) und drei/vier Euro:
*Vozovnica **stane tri/štiri** evr**e**.* (Die Fahrkarte kostet drei/vier Euro.)

Übungen

Bei den Preisangaben müssen Sie ein wenig auf die *evro*-Endungen aufpassen. Auch bei drei und vier EUR gibt es einige Tücken. Aber gemach, bald sind Sie ein Zahlenprofi!

1. Was kostet die Karte?

28

*Vozovnica stane **en evro**.*

1. 1	6. 7
2. 2	7. 11
3. 3	8. 12
4. 4	9. 16
5. 5	10. 20

Slowenisch ist voller Endungen. Welche Akkusativ-Endung ist hier denn gefragt?

2. Und was haben Sie bei sich?

29

*Imam **čokolado**.*

1. čokolada	4. ključ
2. evro	5. kartica Urbana
3. pivo	6. kovček

Kleinigkeiten machen Spaß! Setzen Sie jeweils das passende Wörtchen ein.
1. *železinška postaja* (Bahnhof)

3. Klein, aber fein

tukaj – pri – kje – koliko – in

1. _________ je železniška postaja.
2. Oprostite, _________ lahko kupim vozovnico?
3. Tam _________ urbanomatu.
4. _________ stane vozovnica?
5. En evro _________ 20 centov.

Sie kennen bereits einige Verben. Welches der beiden vorgegebenen Verben lässt sich denn sinnvoll einfügen?

4. Was macht Sinn?

1. Vožnja _________ tri evre. a ☐ stane b ☐ kupim
2. Kje _________ kartico Urbana? a ☐ oprostite b ☐ dobim
3. Kje lahko _________ vozovnico? a ☐ kupim b ☐ stane
4. _________ ključ. a ☐ prispe b ☐ imam

Wofür Sie sich auch bedanken, denken Sie an *za* und die Akkusativendungen!
5. *razglednica* (Ansichtskarte)
6. koffeinhaltiges Zuckerwasser mit *k*

5. Danke für ...

30

*Hvala za **vozovnico**.*

1. vozovnica	4. vino
2. evro	5. razglednica
3. ključ	6. kokakola

Auf Tour

4

Slowenien ist ein wichtiges Transitland, sowohl für Lkw-Transporte als auch für Touristen gen Süden. Seit der Unabhängigkeit wurde das Straßennetz intensiv ausgebaut und mittlerweile gibt es Autobahnverbindungen in alle angrenzenden Nachbarländer. 2008 wurde die Autobahnvignette eingeführt. Das Auto ist das Lieblingsverkehrsmittel der Slowenen: In den letzten zwanzig Jahren hat sich die Zahl der Pkw fast verdoppelt, die der Bus- und Bahnnutzer hingegen halbiert.
Aber dank des Fahrradverleihsystems „BicikeLJ" bzw. „Ljubljana Bike" können Sie die Hauptstadt auch auf die sanfte Tour erkunden. Ein besonderes Angebot in Ljubljana ist der „Kavalir": Das kleine grüne Elektrofahrzeug erspart Ihnen im Zentrum den Fußmarsch von A nach B. Apropos: Mit der App „Ljubljana A do B" brauchen Sie nicht einmal nach dem Weg zu fragen.
Die Züge werden von den *Slovenske železnice* (Slowenische Eisenbahnen) betrieben. Sie sind bequem, zuverlässig und verbinden nahezu alle slowenischen Städte. Zwischen Ljubljana und Maribor verkehrt ein Intercity. Mit dem Zug gelangt man auch an die Küste, und zwar bis zur Hafenstadt Koper. Dort muss man dann auf Busse umsteigen, die die Adriaorte gut miteinander verbinden. Von Koper aus können Sie auch mit dem Schiff nach Triest, Venedig, Rovinj oder Pula fahren.
Wer mit dem Flugzeug anreist, landet am Flughafen Jože Pučnik in Brnik, ganz in der Nähe von Ljubljana. Auch Maribor hat seinen eigenen kleinen Flughafen, aber nur für nationale Flüge. Flugreisen innerhalb Sloweniens sind wenig sinnvoll, aber ein Panoramaflug über Slowenien ist sicher ein wunderbares Erlebnis.

Das pittoreske Küstenstädtchen **Piran** an der slowenischen Riviera stöhnte unter dem immer stärker werdenden Autoverkehr, der in den kleinen Gässchen zu Problemen führte. Daraufhin baute man ein großes Parkhaus am Stadtrand und verhängte ein Pkw-Verbot für den Ort. Ausgenommen sind Bewohner und Lieferanten. Nun führt ein Shuttlebus die Besucher gratis vom Parkhaus ins Zentrum und wieder retour.

Eine **besonders schöne Bahnstrecke** ist die sogenannte *Bohinjska proga* (Wocheinerbahn) zwischen Jesenice und Triest, die Anfang des 20. Jh. erbaut wurde. Auf der einst wichtigen Strecke verkehrt aber nur noch eine Regionalbahn. Im Sommer werden zwischen Jesenice und Nova Gorica auch Dampflokomotiven eingesetzt.

T Test 1

Was haben Sie sich über Land und Leute gemerkt? Haben Sie die Landeskunde aufmerksam gelesen? Weil Lachen gesund ist, haben wir die eine oder andere nicht ernst gemeinte Antwort eingebaut.

1. Welche Antwort stimmt?

1. *Kurentovanje* ist ...
   a ☐ das traditionelle Kurarzt-Treffen in Maribor.
   b ☐ ein berühmter Faschingsumzug in Ptuj.
   c ☐ das jährliche Sommerfestival in Ljubljana.
2. Die *Brižinski spomeniki* befinden sich ...
   a ☐ in Ljubljana in der Nationalbibliothek.
   b ☐ in Koper am Meeresgrund.
   c ☐ im Stift Freising in Bayern.
3. Slowenien liegt ...
   a ☐ auch am Meer.
   b ☐ zur Gänze in den Alpen.
   c ☐ in der pannonischen Tiefebene zwischen Lendava und Koper.
4. Schokolade wird auf Slowenisch ... geschrieben?
   a ☐ *šokolada*
   b ☐ *čokolada*
   c ☐ *žokolada*
5. *Celica* wird in Ljubljana ... genannt.
   a ☐ die Burg
   b ☐ das Gefängnis
   c ☐ ein Jugendhotel
6. Die Citycard von Ljubljana heißt ...
   a ☐ *meščanka*.
   b ☐ *Ljubljanica*.
   c ☐ *Urbana*.

Das ist Ihnen aus den bisherigen Lektionen bekannt. Los geht's!

2. Fragen und Antworten

1. Koliko stane kokakola?	a ☐ Lang.
2. Kako ste?	b ☐ Dva evra trideset.
3. Kje je dvigalo?	c ☐ Ne.
4. Kako se pišete?	d ☐ Iz Maribora.
5. Govorim prehitro?	e ☐ Hvala. Dobro.
6. Od kod ste?	f ☐ Tam na levi.

3. Was fehlt?

Hier fehlen Buchstaben oder Wörter, die Sie schon kennen. Sie sind ja inzwischen schon Meisterschneider und können dieses Flickwerk rasch stopfen.

1. To je _____ kolega.
   a ☐ vaša
   b ☐ vaš
   c ☐ vaše
2. Sre__no pot!
   a ☐ š
   b ☐ t
   c ☐ č
3. Koliko _____ vozovnica?
   a ☐ dobiš
   b ☐ kupim
   c ☐ stane
4. Sodelavec _____ iz Ljubljane.
   a ☐ je
   b ☐ ima
   c ☐ da
5. Dvanajst je _____ .
   a ☐ 20
   b ☐ 12
   c ☐ 2
6. Hvala _____ razglednico.
   a ☐ za
   b ☐ in
   c ☐ na

4. Wie sagt man das auf Slowenisch?

Glauben Sie uns – nach vier Lektionen können Sie sich schon an Smalltalks beteiligen. Mit dieser Übersetzung beweisen Sie Alltagstauglichkeit!

1. Besten Dank.
2. Eine Monatsvignette, bitte.
3. Gute Reise!
4. Entschuldigen Sie!
5. Danke für die Information.
6. Ich arbeite in Celje.
7. Ich heiße ...

5

Frisches vom Markt

Tržnica, der Bauernmarkt, liegt im Zentrum Ljubljanas auf zwei Plätzen verteilt. Unter den vom slowenischen Architekten Plečnik gestalteten Arkaden am Fluss Ljubljanica können Sie auch einen Kaffee trinken, Souvenirs, Honig und diverse getrocknete Kräuter kaufen. Inzwischen gibt es immer mehr Bio-Landwirte, die ihre Waren anbieten. Der Markt ist täglich geöffnet, samstags ist jedoch am meisten los.

***sadje* (Obst)**

češnja	(Kirsche)
hruška	(Birne)
jabolko	(Apfel)
jagoda	(Erdbeere)
limona	(Zitrone)
sliva	(Pflaume)

***zelenjava* (Gemüse)**

čebula	(Zwiebel)
korenje	(Karotte)
krompir	(Kartoffel)
kumara	(Gurke)
paprika	(Paprika)
paradižnik	(Tomate)
solata	(Salat)

Es ist Samstag und Lisa hat beschlossen, heute mit Robert auf den Bauernmarkt zu gehen. Sie mag das bunte Markttreiben und all die feilgebotenen Köstlichkeiten. *Tu je že paradižnik* (Hier sind schon Tomaten!), Lisa ist erstaunt. Ob das schon heimische sind? *Od kod je paradižnik?* (Woher sind die Tomaten?), fragt sie den Händler. *Iz Italije* (aus Italien), antwortet dieser. Hab ich es mir doch gedacht, brummelt Lisa. Dann entdeckt sie ihr Lieblingsobst: *Jabolka!* (Äpfel!) *A so jabolka iz Ljubljane?* (Sind die Äpfel aus Ljubljana?), möchte Lisa wissen. Wieder liegt sie daneben. *Ne, iz Celja so.* (Nein, sie sind aus Celje.) Die Äpfel sehen gut aus, und Lisa erkundigt sich nach dem Preis: *Koliko stane ena kila?* (Wie viel kostet ein Kilo?) *Evro petdeset* (Ein Euro fünfzig), erhält sie zur Antwort. *Kilo, prosim* (Ein Kilo, bitte), und schon ist Lisas Obstvorrat für die nächsten Tage gesichert. Aber dann bleibt ihr Blick an leuchtend roten Erdbeeren hängen: *Mmm ... jagode!* (Mmmh ... Erdbeeren!) Der Händler reicht ihr eine zum Kosten: *Izvolite, jagoda za vas!* (Bitte sehr, eine Erdbeere für Sie!) Die Frucht schmeckt einfach köstlich: *Ta jagoda je sladka!* (Diese Erdbeere ist süß!)
Als sie weiterschlendern, stößt Robert Lisa an: *Tam je trgovina* (Dort ist ein Geschäft). Lisa wundert sich: *Kaj potrebuješ?* (Was brauchst du?) *Robčke* (Taschentücher), sagt Robert und deutet auf seine vom Heuschnupfen geplagte Nase. Lisa sieht daneben die Trafik: *In jaz grem v trafiko* (Und ich gehe in die Trafik). *A potrebuješ kaj iz trgovine?* (Brauchst du etwas aus dem Geschäft?), möchte Robert noch wissen. *Ja, rada bi čokolado* (Ja, ich hätte gerne eine Schokolade).

Želite, prosim?

5 A

31

paradižnik	Tomate
Italija	Italien
jabolka	Äpfel
kilogram, kila	Kilogramm, Kilo
kaj	etwas, was?
jagode	Erdbeeren
vas	Sie, euch (Akkusativ)
ta, ta, to	dieser, diese, dieses
sladek, sladka, sladko	süß

■ Želite, prosim?	Sie wünschen, bitte?
● Od kod je paradižnik?	Woher sind die Tomaten?
■ Iz Italije.	Aus Italien.
● A so jabolka iz Ljubljane?	Sind die Äpfel aus Ljubljana?
■ Ne, iz Celja so.	Nein, aus Celje sind sie.
● Koliko stane en kilogram?	Wie viel kostet ein Kilogramm?
■ Evro petdeset.	Einen Euro fünfzig.
● Kilo, prosim.	Ein Kilo, bitte.
■ Izvolite. Še kaj?	Bitte sehr. Noch etwas?
● Mmm ... jagode!	Mmmh ... Erdbeeren!
■ Izvolite, jagoda za vas!	Bitte sehr, eine Erdbeere für Sie!
● Ta jagoda je sladka!	Diese Erdbeere ist süß!

Auf die Frage ***Želite, prosim?*** antworten Sie nur mit dem Objekt im Akkusativ: *kil**a*** (das/ein Kilo) → *(Želim) kil**o**.* (wörtl.: [Ich wünsche] ein Kilo.)

Substantive Plural

(m) *piškot* → *piškot**i*** (Kekse)
(f) *jagod**a*** → *jagod**e*** (Erdbeeren)
(n) *jabolk**o*** → *jabolk**a*** (Äpfel)

Im **Akkusativ Plural** verändert sich nur die männliche Pluralform: *-i* → *-e*:
(m) *piškoti* (Kekse) → *Piškot**e**, prosim.*

Wie viel kostet ...?

1. *Jabolko stane* *petdeset centov.*
(**Der Apfel kostet** 50 Cent.)
2. *Jagode stanejo* *tri evre.*
(**Die Erdbeeren kosten** drei Euro.)

Personalpronomen Akk.

vi (ihr/Sie) →
za vas (für **Sie/euch**)

Auch das **Demonstrativpronomen** *ta, ta, to* richtet sich nach Zahl, Fall und Geschlecht:
(m) ***ta*** *kruh* (**dieses** Brot)
(f) ***ta*** *solata* (**dieser** Salat)
(n) ***to*** *jabolko* (**dieser** Apfel)

Übungen

Die Marktfrau fragt: *Želite, prosim?*, und Sie zählen auf, was Sie alles brauchen. Achten Sie dabei auf den Akkusativ!

1. Sie wünschen?

32

***Jabolko**, prosim.*

1. jabolko
2. sliva
3. limona
4. krompir
5. korenje
6. paradižnik

Der Dialog ist durcheinander gekommen. Ordnen Sie die Sätze!
vse (alles)

2. Ordnen Sie den Dialog!

_____ Želite, prosim?
_____ Dva evra.
_____ Hvala. To je vse.
_____ Iz Kočevja.
_____ Koliko stane ena kila?
_____ Od kod so hruške?

Versuchen Sie sich als Übersetzer, aber nicht schummeln!

3. Auf Slowenisch, bitte!

1. Guten Tag! Sie wünschen, bitte?
2. Was kosten die Kirschen?
3. Ein Kilo kostet drei Euro sechzig. Noch etwas?
4. Diese Gurke, bitte.
5. Bitte sehr.
6. Das ist alles.
7. Das kostet drei Euro dreißig.

Ta, ta, to – welches Demonstrativpronomen passt zum Substantiv? Lassen Sie sich nicht vom Geschlecht im Deutschen täuschen.

4. Die da!

33

***Ta** paradižnik.*

1. paradižnik
2. sliva
3. vino
4. limona
5. sadje
6. solata
7. krompir
8. kruh

Hier üben Sie den Obst-und-Gemüse-Plural. Den werden Sie ja auf dem Markt des Öfteren brauchen.
6. *malina* (Himbeere)

5. So viel Gutes

34

*Mmm, **slive**!*

1. sliva
2. jabolko
3. jagoda
4. paradižnik
5. hruška
6. malina
7. paprika
8. kumara

Tam je trgovina

5 B

35

trgovina	Geschäft
potrebuješ	du brauchst
robček	Taschentuch
grem	ich gehe
v	in
kiosk, trafika	Kiosk, Trafik
rad bi, rada bi	ich hätte gerne
čokolada	Schokolade
meniš	du meinst
plačam	ich zahle
z/s	mit
kartica	Karte

■ Tam je trgovina.	Dort ist ein Geschäft.
● Kaj potrebuješ?	Was brauchst du?
■ Robčke.	Taschentücher.
● V redu. In jaz grem v trafiko.	In Ordnung. Und ich gehe in die Trafik.
■ A potrebuješ kaj iz trgovine?	Brauchst du etwas aus dem Geschäft?
● Rada bi čokolado.	Ich hätte gerne eine Schokolade.
■ V redu. A lahko plačam s kartico?	In Ordnung. Kann ich mit der Karte zahlen?
● Ja, lahko.	Ja, kannst du.

Verbeninfo
*potrebo**va**ti, potrebu**je**m*
(brauchen, ich brauche)
Verben auf *-ova* oder *-eva* im Infinitiv bilden die 1. Person mit *-uje*.
iti, grem (gehen, ich gehe)
plačati, plačam
(zahlen, ich zahle)

Die Präposition ***z/s*** (mit) verlangt den **Instrumental**. Dieser kommt nur in Kombination mit verschiedenen Präpositionen vor. Mit der Präposition *z/s* drücken Sie aus *s kom?* (mit wem?) oder *s čim?* (womit?) Sie etwas machen:
(m) ***z** robčk**om*** **(mit dem** Taschentuch)
(f) ***s** kartic**o*** (**mit der** Karte)
(n) ***z** jabolk**om*** **(mit dem** Apfel)
Vor ***c, č, f, h, k, p, s, š, t*** wird die Präposition *z* zu *s*:
***z** robčkom – **s** kartico.*

Ist das *e* in der letzten Silbe unbetont, fällt es in der Deklination aus:
robček → *robčki* (Pl)

Ich hätte gern ...
Um Wünsche auszudrücken, haben Sie mit *rad bi* eine männliche und mit *rada bi* eine weibliche Form. Außerdem benötigen Sie den Akkusativ:
(m) ***Rad bi** čokolado.*
(f) ***Rada bi** čokolado.*

S trebuhom za kruhom.
(Wörtl.: Mit dem Bauch ums Brot.) Der Hunger zwingt einen, sich Arbeit zu suchen, um Brot zu verdienen.

Übungen

Wer braucht was im Geschäft? Sie müssen das Verb der jeweiligen Person anpassen, und den Akkusativ dürfen Sie auch nicht vergessen!
3. *kava* (Kaffee)
6. *voda* (Wasser)

1. Brauchtum

36

Peter** potrebuje **čokolado.

1. Peter – čokolada
2. jaz – mleko
3. Janez – kava
4. mi – kruh
5. Ana – robčki
6. Lara, Nejc in Tadej – voda

Üben Sie die neuen Verben und setzen Sie sie in die angegebene Person. Und in welchem Fall steht das jeweilige Objekt?

2. Ich zahle, wir kaufen ...

Jaz plačam kavo.

1. jaz – plačati – kava
2. mi – kupiti – vino
3. Peter – kupiti – voda
4. ti – plačati – jabolka
5. jaz – potrebovati – robček
6. oni – kupiti – paradižnik

Wissen Sie noch, vor welchen Konsonanten die Präposition *s* statt *z* stehen muss?
Und dass danach die Nomen eine Instrumentalendung bekommen?

3. Mit oder mit?

S kartico.

1. kartica
2. čokolada
3. avto
4. piškot
5. robček

Diese kleinen Wörtchen machen Sie schön langsam zum Slowenisch-Meister.

4. Klein, aber fein

tam – kaj – tukaj – lahko – še

1. __________ je trgovina.
2. __________ potrebuješ?
3. __________ so robčki.
4. __________ plačam s kartico?
5. __________ kaj?

Achten Sie auf die Wortstellung: *Rad/-a bi kavo.*
Aber: *Eva bi rada kavo.*
6. *cockta* – eine slowenische Limo.

5. Was hätten sie denn gern?

***Eva** bi **rada kavo**.*

1. Eva – kava
2. Tanja – sok
3. Anton – jabolko
4. Tina – vino
5. Metod – čokolada
6. Peter – cockta

Gutes vom Bauernhof

5

Slowenien ist zu mehr als der Hälfte mit Wald bedeckt, vierzig Prozent der Staatsfläche werden landwirtschaftlich genutzt. Es gibt wenige große Agrarbetriebe, dafür sehr viele Kleinbauern, die eine gemischte Landwirtschaft betreiben. Da die Bauern immer schwerer von ihren Betrieben leben können, spezialisieren sie sich auf bestimmte Produkte und/oder biologischen Anbau, der auch in Slowenien als Chance für die Landwirtschaft betrachtet wird. Viele bieten zusätzlich *turistična kmetija* (Tourismus auf dem Bauernhof) an. Gesunde Lebensmittel verbinden die Slowenen meist mit heimi-schem Anbau und Verarbeitung der Produkte am Hof. Lokale Lebensmittel werden daher am liebsten auf den Bauernmärkten gekauft.

Aber auch den Wein holt man – falls möglich – direkt beim Winzer. So ist es nicht ungewöhnlich, sich das Tröpfchen seiner Wahl in einen mitgebrachten 5-Liter-Plastikkanister abfüllen zu lassen. Früher wurden die Weißweine überwiegend lieblich ausgebaut, jetzt geht der Trend immer mehr zu trockenen Weißweinen.

Gab es einst in den Geschäften nur Weißbrot, so bekommen Sie dort nun verschiedenste Brotsorten wie Mais- oder Buchweizenbrot. Brot gilt als zentrales Lebensmittel und gehört auch oft zum Mittagessen mit dazu.

Zwar gilt auch in Slowenien: *Okusi so različni* (Die Geschmäcker sind verschieden), aber sollten Sie in einem Supermarkt nach typisch slowenischen Produkten suchen, würden wir u. a. empfehlen: die Leberpastete „Kekec", benannt nach der Hauptfigur eines slowenischen Kinderbuchklassikers, *kraški pršut* (Karster Prosciutto), die Schokolade „Gorenjka" oder *radgonska penina* (Sekt aus Gornja Radgona).

Auf dem Bauernmarkt bieten die Marktfrauen ihre Produkte oft in der **Verkleinerungsform** an: *dober krompirček* (gute Kartöffelchen), *svež korenček* (frische Karöttchen) und *lepe rožice* (schöne Blümchen) – auch wenn die Ware gar nicht so niedlich klein ist.

Suha roba (wörtl.: Trockenware, also Weidenkörbe und Holzwaren) sind auch auf vielen Märkten erhältlich. Ursprünglich kommen diese Produkte aus der südslowenischen Stadt Ribnica, wo dieses Handwerk seit Jahrhunderten gepflegt wird.

6

Sonntagsessen

Zu Gast
Meist trifft man sich zum familiären Mittagessen zwischen zwölf und ein Uhr. Die Gastfreundschaft wird in Slowenien großgeschrieben, und man wird nie hungrig den Tisch verlassen.

In Slowenien zieht man sich die Schuhe im Vorraum aus und man bekommt dann **Gästepantoffeln** angeboten.

Mlinci
Diese besondere Beilage erhält man nicht alle Tage. Aus Mehl und Salzwasser entsteht ein Nudelteig, der gebacken und dann in Stücke gebrochen wird. Die Stücke werden anschließend mit heißem Wasser übergossen, sodass sie aufquellen.

Lisas Mutter kommt aus dem Prekmurje, der nordöstlichsten Region Sloweniens. Ihr Bruder Feri und seine Familie leben noch dort und haben Lisa und Robert zum Sonntagsessen eingeladen.
Nach der herzlichen Begrüßung nimmt Tante Vera Lisa mit in die Küche und zeigt ihr stolz, was sie vorbereitet hat: *goveja juha z rezanci* (Rindssuppe mit Nudeln), *svinjska pečenka* (Schweinsbraten), *pražen krompir* (geröstete Kartoffeln) und *mešana solata* (gemischter Salat).
A bi vino? (Möchtest du einen Wein?), bietet Tante Vera ihrem Gast an. Doch Robert ist es dafür noch zu früh: *Jabolčni sok, prosim.* (Einen Apfelsaft, bitte.)
Vera bringt die Suppe und wünscht *dober tek!* (guten Appetit!) Robert ist voll des Lobes: *Goveja juha je zelo dobra!* (Die Rindsuppe ist sehr gut!) Dann kommt der Hauptgang: *Bi rad svinjsko pečenko?* (Möchtest du Schweinsbraten?) Robert sagt nicht nein. Und er nimmt auch gerne etwas Salat, denn *zelo rad imam mešano solato* (ich habe gemischten Salat sehr gern). Robert hat schon lange nicht mehr so gut gegessen: *Kosilo je odlično!* (Das Mittagessen ist ausgezeichnet!) Trotzdem muss er leider ablehnen, als Vera ihm eine weitere *porcijo praženega krompirja* (Portion geröstete Kartoffeln) anbietet: *To je preveč!* (Das ist zu viel!) Selbst für ein wenig Salat reicht es nicht mehr: *Ne, hvala. Sit sem!* (Nein, danke. Ich bin satt!)

Dober tek!

6 A

37

bi	du würdest, Sie würden
rdeče vino	Rotwein
belo vino	Weißwein
jabolčni sok	Apfelsaft
dober tek!	guten Appetit!
enako	ebenso, gleichfalls
goveja juha	Rindssuppe
zelo	sehr
svinjska pečenka	Schweinsbraten
mešan, mešana, mešano	gemischt
solata	Salat

■ A bi vino? Imam rdeče in belo vino.	Möchtest du einen Wein? Ich habe Rot- und Weißwein.
● Ne, hvala. Jabolčni sok, prosim.	Nein, danke. Einen Apfelsaft, bitte.
■ Dober tek!	Guten Appetit!
● Hvala, enako. Goveja juha je zelo dobra!	Danke, gleichfalls. Die Rindssuppe ist sehr gut!
■ Me veseli. Bi rad svinjsko pečenko?	Freut mich. Möchtest du Schweinsbraten?
● Ja, prosim.	Ja, bitte.
■ Bi tudi mešano solato?	Möchtest du auch einen gemischten Salat?
● Zelo rad imam mešano solato.	Gemischten Salat habe ich sehr gerne.
■ Izvoli.	Bitte sehr.

Adjektiv (Sg.)
Das Adjektiv richtet sich in Zahl, Fall und Geschlecht nach dem Substantiv:
(m) *dober kruh* (gutes Brot)
(f) *dobr**a** juh**a*** (gute Suppe)
(n) *dobr**o** vin**o*** (guter Wein)
Das gilt auch für prädikativ gebrauchte Adjektive:
(m) *Kruh je dober.* (Das Brot ist **gut**.)
(f) *Juh**a** je dobr**a**.* (Die Suppe ist **gut**.)
(n) *Vin**o** je dobr**o**.* (Der Wein ist **gut**.)

Zusammengesetzte Substantive bestehen im Slowenischen aus Adjektiv und Substantiv:
(m) *jabolčni/-a/-o* (Apfel-) + *sok* (Saft) → *jabolčni sok* (Apfelsaft)
(f) *goveji/-a/-e* (Rinds-) + *juha* (Suppe) → *govej**a** juh**a*** (Rindssuppe)
(n) *rdeč/-a/-e* (rot) + *vino* → *rdeč**e** vin**o*** (Rotwein)

***bi* (würde/-st/...)**
*A **bi** vino?* (wörtl.: Würdest du einen Wein? = Möchtest du einen Wein?)
Mögliche Antworten: *Ja, bi* (Ja, ich würde) oder *Ne, ne bi* (Nein, ich würde nicht).

Zum Gernhaben
Rad/-a imam ... (Ich mag/habe ... gern) verlangt ein Objekt im Akkusativ:
(m) *Rad/-a imam pražen krompir.* (Ich habe gerne geröstete Kartoffeln.)
(f) *Rad/-a imam govej**o** juh**o**.* (Ich habe gern Rindssuppe.)
(n) *Rad/-a imam belo vino.* (Ich habe gern Weißwein.)

6 A

Übungen

Wenn Sie auf diese Phrasen immer mit ja antworten, werden Sie aus Slowenien mit einigen Gramm mehr auf den Rippen heimkehren.
7. *prekmurska gibanica* (Süßspeise)
8. *rezanci* (Nudeln)

1. Möchtest du ...?

38

*A bi **rdeče vino**?*

1. rdeče vino
2. mešana solata
3. jabolčni sok
4. svinjska pečenka
5. goveja juha
6. belo vino
7. prekmurska gibanica
8. juha z rezanci

Lesen Sie den Dialog A noch einmal durch und beantworten sie dann die Fragen!

2. Richtig oder falsch?

1. Goveja juha je zelo dobra. a ☐ Ja. b ☐ Ne.
2. Rad ima mešano solato. a ☐ Ja. b ☐ Ne.
3. Rad ima jabolčni sok. a ☐ Ja. b ☐ Ne.
4. Rad bi rdeče vino. a ☐ Ja. b ☐ Ne.

Erfreuen Sie den Gastgeber mit Lobesworten! Aber wie sagt man die auf Slowenisch?

3. Wie gut!

1. Guten Appetit!
2. Danke, gleichfalls. Das ist ein sehr guter Weißwein!
3. Ja, und der Apfelsaft ist auch gut.
4. Der gemischte Salat ist ebenfalls sehr gut.
5. Und dieser gute Schweinsbraten, hmh!

Wir spielen noch ein bisschen mit Ihrem Wortschatz. Achten Sie auf die Adjektivendungen!

4. Was passt zusammen?

1. goveja	a ☐ solata
2 rdeče	b ☐ gibanica
3. dober	c ☐ vino
4. mešana	d ☐ juha
5. prekmurska	e ☐ tek

Die Slowenen trinken gerne auch mal einen *turška kava* (türkischer Kaffee). Üben Sie jeweils die geforderte (m) bzw. (f) Form à la *Rad/-a imam turško kavo* und sagen Sie, was Sie gerne haben.

5. Was haben Sie gerne?

39

***Rad/-a** imam **govejo juho**.*

1. goveja juha
2. mešana solata
3. belo vino
4. svinjska pečenka
5. jabolčni sok
6. rdeče vino

Bi še malo svinjske pečenke?

6 B

40

kosilo	Mittagessen
odličen, odlična, odlično	ausgezeichnet
porcija	Portion
z veseljem	mit Freude, gerne
okusen, okusna, okusno	köstlich
pražen, pražena, praženo	geröstet
krompir	Kartoffel
preveč	zu viel
pa	und, aber
sit, sita, sito	satt

■ Vera, kosilo je odlično!	Vera, das Mittagessen ist ausgezeichnet!
● Bi še malo svinjske pečenke?	Möchtest du noch ein wenig Schweinsbraten?
■ Z veseljem. Okusna je!	Gerne. Er ist köstlich!
● Bi še porcijo praženega krompirja?	Und noch eine Portion geröstete Kartoffeln?
■ Ne, hvala. To je preveč!	Nein, danke. Das ist zu viel!
● Kaj pa solato?	Aber ein wenig Salat?
■ Ne, hvala. Sit sem!	Nein, danke. Ich bin satt!

še (noch) – že (schon)
Die Aussprache macht den Unterschied:
še mit stimmlosem sch,
že mit stimmhaftem sch.

Mal zu viel, mal zu wenig
veliko (viel)
***pre**več* (**zu** viel)
malo (wenig)
***pre**malo* (**zu** wenig)

Nach Mengenangaben folgt der Genitiv
(m) *Porcija praž**enega** krompir**ja**.* (Eine Portion der gerösteten Kartoffel.)
(f) *Malo svinjsk**e** pečenk**e**.* (Ein wenig des Schweinsbratens.)
(n) *Kozarec bel**ega** vin**a**.* (Ein Glas des weißen Weins.)

Einige (m) Substantive auf *-r* werden in der Deklination um ein *-j* erweitert:
To je dober krompir. →
*Malo dobrega krompir**ja**.*
Das gilt aber u. a. nicht für *večer* (Abend) oder *šotor* (Zelt).

Kaj pa solato?
(Wörtl.: Was aber Salat? = Und Salat? = Wie wärs mit Salat?)

Wenn Sie mal etwas richtig leid sind: *Sit/-a sem tega dela.* (Satt bin ich dieser Arbeit. = Ich habe diese Arbeit satt.)

Übungen

So können Sie sich bei Ihren Gastgebern beliebt machen: Die Speisen loben und nach mehr verlangen. Also hören Sie gut zu und üben Sie die Aussprache!

1. Küchenlob und Nachschlag

41

1. Dobra svinjska pečenka!
2. Okusen pražen krompir!
3. Okusna juha!
4. Okusni mlinci!
5. Odlična gibanica!
6. Še svinjske pečenke, prosim.
7. In še salame, prosim.
8. Malo solate, prosim.
9. Malo rdečega vina, prosim.
10. Malo praženega krompirja, prosim.

Noch ein bisschen von diesem und jenem? Oder ist es Ihnen schon zu viel?

2. Darf es ein bisschen mehr sein?

1. porcija
   - a ☐ praženega krompirja
   - b ☐ pražen krompir
2. veliko
   - a ☐ mešana solata
   - b ☐ mešane solate
3. kozarec
   - a ☐ belo vino
   - b ☐ belega vina
4. malo
   - a ☐ svinjske pečenke
   - b ☐ svinjska pečenka

Die Gastgeber geben ihr Bestes, aber Sie können einfach nicht mehr. Übersetzen Sie!
3. *ampak* (aber)
5. *res* (wirklich)

3. Viel zu viel

1. Möchten Sie noch ein wenig geröstete Kartoffeln?
2. Nein, danke. Ich bin schon satt.
3. Schon? Aber das ist noch nicht zu viel für Sie?!
4. Ja, ja! Das ist schon zu viel!
5. Ah, nein! Sind Sie wirklich satt?

Was gehört hier sinnvoll zusammen? Setzen Sie das fehlende Wort ein!

4. Lücken stopfen

1. Kosilo je ______ !
2. Svinjska pečenka je ______!
3. Bi ______ malo praženega krompirja?
4. To je ______!
5. Bi ______ vina?

- a ☐ okusna
- b ☐ malo
- c ☐ preveč
- d ☐ odlično
- e ☐ še

Ergänzen Sie mit dem passenden Adjektiv und achten Sie auf die korrekte Endung!

5. Ein köstliches Sonntagsessen

***Svinjska** pečenka je dobra.*

1. ______ pečenka je dobra.
2. ______ sok je sladek.
3. ______ solata je dobra.
4. ______ vino je okusno.
5. ______ juha je odlična.

Bitte zu Tisch!

6

Die geologische und klimatische Vielfalt Sloweniens spiegelt sich auch in den unterschiedlichen Gerichten der einzelnen Regionen wider. War die alte slowenische Küche überwiegend von den Kleinbauern und deren Produkten geprägt, stand die bürgerliche Esskultur aus historischen Gründen v. a. unter starkem Einfluss der österreichisch-ungarischen Küche. Aber auch die angrenzenden Nachbarn haben in den slowenischen Gerichten ihre Spuren hinterlassen.

Die slowenische traditionelle Küche ist deftig, aber köstlich. *Štruklji*, ein meist mit Topfen (Quark) gefüllter, in Salzwasser gekochter Strudel aus Nudelteig, wird als Nachspeise, Hauptgericht oder Beilage serviert. Die bereits erwähnte *gibanica* ist typisch für den nordöstlichen Teil Sloweniens, wo man sie in verschiedensten Varianten zubereitet. Die *prekmurska gibanica* z. B. besteht aus Schichten von Quark, Äpfeln, Mohn und Nüssen. Die *potica* (Potitze), ein gebackener Germteigstrudel mit Füllung, gilt als Feiertagssüßspeise, ohne die man Ostern oder Weihnachten nicht feiern kann. Der Eintopf *jota* aus Sauerkraut, Kartoffeln und Bohnen ist typisch für das Küstenland Primorska. Die *idrijski žlinkrofi* sind kleine Teigtaschen, ähnlich den Ravioli, und kommen aus der Bergwerkstadt Idrija. Den Eintopf *bograč* bekommt man im *Prekmurje* (Übermurgebiet). Er muss drei Sorten Fleisch (Rind, Wild, Schwein) enthalten. Die *kranjska klobasa* (Krainer Wurst) stammt ursprünglich aus Kranj und ist in der EU eine geschützte Marke. Österreich und Slowenien stritten sich um die Wurst, weil sie auch in Österreich sehr beliebt ist und dort unter dem Namen Krainer serviert wird. Nun ist der Streit beigelegt und Österreich darf auch weiterhin seine Krainer verkaufen.

„Kuharske bukve"
Unter diesem Titel erschien 1799 das erste Kochbuch in slowenischer Sprache. Die Übersetzung aus dem Deutschen und das Vorwort stammen vom berühmten Dichter der Aufklärung Valentin Vodnik.

Sloweniens Weine
- teran: herber Rotwein, wächst nur im Karst
- cviček: Wein aus verschiedensten Weinsorten, aus dem Südosten
- šipon (Furmint): beliebter Weißwein aus der nordöstlichen Region Štajerska

Trinklied
Gibt es was zu feiern, erheben die Slowenen gerne ihr Glas und singen:
Kol'kor kapljic, tol'ko let, bog nam daj na svet živet
(Wie viele Tröpfchen, so viele Jahre möge Gott uns auf der Welt leben lassen).

7

Büroalltag

Im Büro 42

telefon (Telefon)
računalnik (Computer)
ekran/zaslon (Bildschirm)
tipkovnica (Tastatur)
miška (Mäuschen = Maus)
tiskalnik (Drucker)
pisalna miza (Schreibtisch)
stol (Stuhl)
kemični svinčnik = kuli (Kugelschreiber)
svinčnik (Bleistift)
radirka (Radiergummi)
slovar (Wörterbuch)
papir (Papier)
list (Blatt)
koš za smeti (wörtl.: Korb für Müll = Mülleimer)
koš za papir (Papierkorb)
avtomat za kavo (Kaffeemaschine)

Nach dem netten Sonntagsausflug ins Prekmurje ist am Montag wieder Arbeit angesagt. Aber zuerst möchte Robert unbedingt die Kontaktdaten seines Kollegen speichern: *David, a mi lahko daš svojo telefonsko številko?* (David, kannst du mir deine Telefonnummer geben?) *Ja, seveda* (Ja, sicherlich), meint David und diktiert seine Nummer in den landesüblichen Dreierschritten. Robert gibt Davids Nummer ein: *Že tipkam* (Ich tippe schon). Als er fertig ist, möchte er auch seine Nummer übermitteln: *Te pokličem* (Ich rufe dich an). Davids *mobilni telefon* (Handy) klingelt. *Super! (Super!)*, hat also geklappt. *A mi lahko poveš še svoj elektronski naslov?* (Kannst du mir noch deine E-Mail-Adresse sagen?), fragt Robert weiter. David diktiert langsam: *David pika Križman afna ime podjetja pika si* (David Punkt Križman at Firmenname Punkt si). Aber was steht denn heute überhaupt an und vor allem wann? *Kdaj je danes sestanek?* (Wann ist heute die Besprechung?), fragt Robert. *Ob desetih* (Um zehn), antwortet David. *Že?* (Schon?) Robert ist ein wenig erschrocken. *In kdaj se dobimo na kosilu?* (Und wann treffen wir uns zum Mittagessen?) *Dobimo se ob pol dveh* (Wir treffen uns um halb zwei). David wiederum geht heute *ob četrt na pet* (um viertel fünf) *domov* (nach Hause). Die Viertelsangabe verwirrt Robert, also wiederholt er: *Ob štirih in petnajst minut, dobro.* (Um vier Uhr fünfzehn, gut). So, nun aber los: *Zdaj je že deset do desetih!* (Jetzt ist es schon zehn vor zehn!), drängt David. Tatsächlich, der arme Robert: *Ojoj, moram iti!* (Oje, ich muss gehen!)

A mi daš telefonsko številko?

7A

43

mi	mir
daš	du gibst
svoj, svoja, svoje	sein (eigen)
telefonska številka	Telefonnummer
seveda	sicherlich
tipkam	ich tippe
te	dich
pokličem	ich rufe an
poveš	du sagst
elektronski naslov	E-Mail-Adresse
afna	@, at (Teil der E-Mail-Adresse)
pika	Punkt
podjetje	Unternehmen

■ David, mi lahko daš svojo telefonsko številko?	David, kannst du mir deine Telefonnummer geben?
● Ja, seveda.	Ja, natürlich.
■ Že tipkam.	Ich tippe schon.
● Nič – štiri – ena – sedem – tri – dve – pet – osem – šest.	Null – vier – eins – sieben – drei – zwei – fünf – acht – sechs.
■ Te pokličem.	Ich rufe dich an.
● Super!	Super!
■ Mi lahko poveš še svoj elektronski naslov?	Kannst du mir noch deine E-Mail-Adresse sagen?
● David pika Križman afna ime podjetja pika si.	David Punkt Križman @ Firmenname Punkt si.
■ Hvala.	Danke.

Verbeninfo
dati, dam (geben, ich gebe)
Unregelmäßiges Verb, in der 2. Person Plural kommt ein *s* hinzu:
dam (ich gebe)
daš (du gibst)
da (er/sie/es gibt)
damo (wir geben)
daste (ihr gebt, Sie geben)
dajo (sie geben)

Ebenso:
povedati, povem (sagen/mitteilen, ich sage)
povem (ich sage)
poveš (du sagst)
pove (er/sie/es sagt)
povemo (wir sagen)
poveste (ihr sagt, Sie sagen)
povejo (sie sagen)

poklicati, pokličem (anrufen, ich rufe an)
tipkati, tipkam (tippen, ich tippe)

Das **reflexive Possessivpronomen *svoj/-a/-e*** wird verwendet, wenn das Subjekt der Besitzer des Objekts ist:
***Dam** ti **svojo** telefonsko številko.* (**Ich gebe** dir **meine [eigene]** Telefonnummer.)
*Peter, imaš **mojo** telefonsko številko?* (Peter, hast du **meine** Telefonnummer?)

elektronski naslov (elektronische Adresse = E-Mail-Adresse)
trikrat dvojni v (www)
spletna stran (Homepage)
afna (@, at, „Klammeraffe")
pika (Punkt)
minus (minus)
črtica spodaj (Unterstrich)

Länderkürzel von Slowenien: *si*

Übungen

1. Kannst du mir das geben?

44

Setzen Sie das reflexive Possessivpronomen *svoj/-a/-e* ein! Achten Sie auf das Geschlecht und den Akkusativ!

A mi lahko daš ***svoj list****?*

1. list
2. telefon
3. kuli
4. radirka
5. telefonska številka
6. elektronski naslov

2. Telefonnummern

45

Die neuen Arbeitskollegen sagen Ihnen ihre Telefonnummern. Notieren Sie sich geschwind die Zahlen!
In Slowenien werden Zahlen üblicherweise in Dreierpäckchen angegeben.

Marija *ima telefonsko številko* ***ena tri dve – nič ena nič****.*

1. Marija – 132 010
2. gospod Markovič – 956 728
3. Janez – 385 679
4. direktor – 273 895
5. tajnica Vera Koletnik – 879 629

3. E-Mail-Adressen

46

Punkt, minus, at?
Hier können Sie mal in Ruhe die korrekte Aussprache einiger E-Mail-Adressen üben.

David pika Křižman afna dobra tehnika pika si

1. david.křižman@dobratehnika.si
2. miha_kopitar85@gmail.com
3. ana.logar-klemencic@guest.arnes.si
4. robert.lang@gutetechnik.at
5. thomas-huber@yahoo.de

4. Wer gibt was?

Und nun geht es um die richtigen Formen des unregelmäßigen Verbs *dati*.

1. A mi ____ svinčnik? (vi)
2. Petra! Mi ____ papir? (ti)
3. A ti ____ čokolado? (jaz)
4. A mi ____ slovar? (vi)
5. A ti ____ računalnik? (oni)

5. Werben für die Verben

Setzen Sie die zur Auswahl stehenden Verben in der passenden Form ein! Die Sätze sollten sinnvoll sein!
1. *telefonska* = umgangssprachliche Abkürzung für *telefonska številka*
2. *takoj* (sofort)
3. *domov* (nach Hause)

dati – poklicati – iti – tipkati – povedati – pisati se

1. A mi __________ telefonsko?
2. Takoj te __________.
3. Gospod Brvar, a že __________ domov?
4. Že __________ tvojo številko.
5. A mi __________ naslov podjetja?
6. Kako se __________?

Kdaj bo sestanek?

7 B

47

koliko je ura?	wie spät ist es?
ura	Uhr, Stunde
kdaj?	wann?
danes	heute
ob desetih	um zehn
dobimo se	wir treffen uns
ob enih	um eins
ob pol dveh	um halb zwei
domov	nach Hause
ob četrt na pet	um Viertel nach vier
ob štirih in petnajst minut	um sechzehn Uhr fünfzehn
deset do desetih	zehn vor zehn
moram	ich muss

■ David, koliko je ura?	David, wie spät ist es?
● Ura je devet.	Es ist neun Uhr.
■ Hvala. Kdaj je danes sestanek?	Danke. Wann ist heute die Besprechung?
● Ob desetih.	Um zehn.
■ Že? In kdaj se dobimo na kosilu?	Schon? Und wann treffen wir uns zum Mittagessen?
● Ob enih. Eh, ne! Dobimo se ob pol dveh.	Um eins. Ach nein! Wir treffen uns um halb zwei.
■ V redu. Kdaj pa greš danes domov?	O. k. Wann gehst du heute nach Hause?
● Ob četrt na pet.	Um Viertel nach vier.
■ V redu, ob štirih in petnajst minut. Dobro.	V redu, um 16 Uhr 15. Gut.
● Robert, zdaj je že deset do desetih!	Robert, es ist schon zehn vor zehn!
■ Ojoj, moram iti!	Oje, ich muss gehen!

Verbeninfo
dobiti se, dobim se
(sich treffen, ich treffe mich)
morati, moram
(müssen, ich muss) + Infinitiv:
Moram iti.
(Ich muss gehen.)

Koliko je ura?
(Wie spät ist es?)
***Ura je** ena/dve/tri ...* **(Es ist** ein/zwei/drei ... **Uhr.)**

Offizielle Zeitansage
*Ura je tri in **ena** minut**a**.*
(Es ist drei Uhr und eine Minute.)
*... tri in **dve** minut**i**.* (03:02)
*... tri in **tri/štiri** minut**e**.* (03:03/04)
*... sedem in **pet/šest minut**.* (07:05/06)
usw.

1. *pol* (halb)
*Ura je **pol** en**ih**/dv**eh**/tr**eh** ...*
(Es ist **halb** 2/3 ...)
2. *četrt* (viertel)
*Ura je **četrt** na en**o**/dve/tri/štiri ...*
(Es ist viertel 2/3 = 12:15/13:15/14:15 ...)
3. *do* (bis, vor)
*Ura je pet **do** en**ih**/dv**eh**/tr**eh*** ... (Es ist 5 **vor** 2/3 ...)
4. *čez* (über, nach)
*Ura je pet **čez** en**o**/dve/tri ...*
(Es ist 5 **nach** 2/3 ...)

***kdaj?* (wann?)**

*ob en**ih***	(um eins)
*ob dv**eh***	(um zwei)
*ob tr**eh***	(um drei)
*ob štir**ih***	(um vier)
*ob pet**ih***	(um fünf)
*ob šest**ih***	(um sechs)
*ob sedm**ih***	(um sieben)
*ob osm**ih***	(um acht)
*ob devet**ih***	(um neun)
*ob deset**ih***	(um zehn)
*ob enajst**ih***	(um elf)
*ob dvanajst**ih***	(um zwölf)

Übungen

Üben Sie die offizielle Zeitansage mit genauer Minutenangabe! Dann kommen Sie auch pünktlich zu Ihren Terminen.

1. Wie viel Uhr ist es offiziell?

48

*Ura je **šest**.*

1. 06:00
2. 08:01
3. 09:02
4. 10:03
5. 11:04
6. 12:05
7. 14:06
8. 15:07
9. 17:11
10. 20:18

Der Dialog B wird Ihnen bei der Aufgabe helfen. Lesen Sie ihn sich noch einmal durch!

2. Was passt zusammen?

1. Kdaj je danes sestanek?
   a ☐ Pet minut do destih.
   b ☐ Ob desetih.
2. ... se dobimo na kosilu?
   a ☐ Kdaj
   b ☐ Koliko
3. Domov gre ob ...
   a ☐ tri četrt na pet.
   b ☐ četrt na pet.
4. Koliko je zdaj ura?
   a ☐ Deset minut čez deset.
   b ☐ Deset minut do destih.

Jetzt müssen Sie die Ohren spitzen! Was antworten die Passanten auf Ihre Frage: *Koliko je ura?*

3. Entschuldigen Sie, wie spät ist es?

49

1. Ura je ________
2. Ura je ________
3. Ura je ________
4. Ura je ________
5. Ura je ________

Wann haben Sie die nächste Besprechung? Aha, immer zur vollen Stunde. Schleifen Sie die Stundenangaben mit *ob* ... ein!

4. Wann?

50

*Ob **enih**.*

1. ena
2. dve
3. tri
4. štiri
5. pet
6. šest
7. sedem
8. osem
9. devet
10. deset
11. enajst
12. dvanajst

Ein Termin nach dem anderen! Übersetzen Sie!
4. *jutri* (morgen)

5. Terminkalender

1. Um zehn Uhr ist die Sitzung.
2. Um halb eins gehen wir zum Mittagessen.
3. Um Viertel nach vier muss ich nach Hause gehen.
4. Morgen treffen wir uns um zehn vor zwölf.
5. Der Zug kommt um dreizehn Uhr siebzehn an.

Business-Knigge

Geschäftliches funktioniert in Slowenien ähnlich wie in Deutschland oder Österreich. Die Slowenen galten nämlich einst als „Preußen Jugoslawiens“. Besprechungen beginnen üblicherweise pünktlich, geben Sie also Bescheid, wenn Sie sich einmal verspäten sollten. Während deutsche Geschäftspartner eher auf der sachlichen Ebene bleiben, ist es den Slowenen oft wichtig, auch einen persönlichen Kontakt herzustellen. Kleine Gastgeschenke, wie z. B. regionale Spezialitäten oder firmeneigene Produkte, sind zwar nicht verpflichtend, aber slowenische Geschäftspartner bringen gerne welche mit und freuen sich ebenso über solche Gesten. Geschäftsessen finden in Slowenien eher mittags statt. Gibt es mal am Abend ein Treffen, endet es in der Regel gegen 22:00 Uhr. Handynutzung beim Essen oder während einer Besprechung gilt auch in Slowenien als Unart.

Und wie sieht es mit den Titeln aus? Im Schriftverkehr werden die diversen Titel verwendet. Aber im Gespräch ist es überhaupt nicht üblich *gospod diplomirani inženir Novak* (Herr Diplomingenieur Novak) zu sagen. Es genügt, Ihr Gegenüber höflich mit *gospod/gospa Novak* anzusprechen.

Übrigens ein absoluter Fauxpas: Sie sollten Slowenien niemals mit der Slowakei verwechseln und auch nicht als Balkan-Staat bezeichnen, obwohl die Slowenen ihre jugoslawische Vergangenheit insgesamt recht entspannt sehen. Man wird sich allerdings freuen, wenn Sie Sloweniens Anstrengungen für die staatliche Unabhängigkeit und die erfolgreiche Entwicklung des Landes zu schätzen wissen.

Achtung anders: In Slowenien behalten technische Geräte – anders als im deutschen Sprachraum – meist nicht ihre englischen Namen:
računalnik (Rechner = Computer)
prenosni računalnik (tragbarer Computer = Laptop)
tablični računalnik (Tablet)
mobilni telefon (Handy, umgangssprachlich *mobi* oder *mobitel*)
pametni telefon (kluges Telefon = Smartphone)
predplačniška kartica (Prepaid-Karte)
polnilnik (Ladekabel)
USB-ključek (USB-Schlüsselchen = USB-Stick)

8

Auf zum Shoppen!

In Slowenien sind die Öffnungszeiten der Geschäfte nicht sehr streng geregelt. Wochentags haben die meisten Geschäfte zwischen 9:00 und 19:00 Uhr geöffnet, aber einige machen bereits um 7:00 Uhr auf und manche schließen erst um 21:00 Uhr. In diversen größeren Einkaufszentren kann man sogar sonntags einkaufen.

Kleidungsstücke 51

čevelj, čevlji (Schuh, -e)
nogavica, nogavice (Socke, -n)
hlačne nogavice (Strumpfhose), nur im Plural
hlače (Hose) – ebenfalls Plural
kavbojke(Jeans) – Plural
krilo (Rock)
obleka (Kleid)
bluza (Bluse)
srajca (Hemd)
majica (Shirt)
pulover (Pullover)
kravata (Krawatte)
šal (Schal)
jakna (Jacke)

Während Robert im Büro sitzt, geht Lisa in einer Altstadtboutique shoppen. *Ali lahko kaj pomagam?* (Kann ich Ihnen helfen?), fragt ein Angestellter. Lisa zeigt auf einen *krilo* (Rock): *Imate velikost osemintrideset?* (Haben Sie Größe achtundreißig?) Schnell hat der Verkäufer das passende Modell: *Ga želite pomeriti?* (Möchten Sie ihn probieren?) Nach wenigen Minuten kommt Lisa leicht zerknirscht aus der Umkleidekabine. *Joj, premajhno je!* (Oje, er ist zu klein!), seufzt sie. Doch der Verkäufer versteht sein Handwerk: *Prinesem vam številko štirideset* (Ich bringe Ihnen die Größe vierzig). Lisa verschwindet erneut in der Kabine. *To mi odlično pristaja!* (Dieser passt mir ausgezeichnet!), strahlt sie. Wenn jetzt der Preis noch stimmt: *Koliko stane?* (Was kostet er?), fragt Lisa. *Dvainpetdeset evrov* (Zweiundfünzig Euro). Zwar kein Schnäppchen, aber nächstes Jahr wird er mir auch noch gefallen, denkt Lisa.
Am Abend zeigt sie Robert ihre Einkaufsschätze. *Kupila sem nove čevlje* (Ich habe mir neue Schuhe gekauft). *Pokaži!* (Zeig her!), fordert er Lisa auf und muss dann zugeben: *Zelo so lepi* (Sie sind sehr schön). Lisa lächelt erfreut und fährt fort: *Potem sem kupila še krilo* (Dann habe ich mir noch einen Rock gekauft). Robert nickt anerkennend: *Všeč mi je, ker je pisano* (Er gefällt mir, weil er bunt ist). Und nun präsentiert Lisa noch das letzte Stück: *Ta majica je tudi nova* (Dieses Shirt ist auch neu). *Kul je!* (Es ist cool!), meint Robert. Lisa ist zufrieden: *In še poceni je bila* (Und es war noch günstig). Robert lacht: Was hat er doch für eine hübsche und sparsame Freundin!

Joj, krilo je premajhno!

8 A

53

pomagam	ich helfe
krilo	Rock
gledam	ich schaue
velikost	Größe
osemintrideset	achtunddreißig
ga	ihn
pomeriti	anprobieren
joj!	ach!, oje!
premajhen, premajhna, premajhno	zu klein
prinesem	ich bringe
štirideset	vierzig
pristaja mi	er/sie/es steht/passt mir
dvainpetdeset	zweiundfünfzig

● Ali vam lahko kaj pomagam?	Kann ich Ihnen helfen?
■ To krilo gledam. Imate velikost osemintrideset?	Ich sehe mir diesen Rock an. Haben Sie Größe achtunddreißig?
● Ja, tukaj. Ga želite pomeriti?	Ja, hier. Möchten Sie ihn anprobieren?
■ Ja, prosim. Joj, premajhno je!	Ja, bitte. Oje, er ist zu klein!
● Prinesem vam številko štirideset.	Ich bringe Ihnen Nummer vierzig.
■ To mi odlično pristaja! Koliko stane?	Dieser passt mir ausgezeichnet! Wie viel kostet er?
● Dvainpetdeset evrov.	Zweiundfünzig Euro.

Verbeninfo
pomagati, pomagam
(helfen, ich helfe)
pomeriti, pomerim
(anprobieren, ich probiere an)
prinesti, prinesem
(bringen, ich bringe)

Zahlen 20–1000 52

20: *dvaj**set***
30: *tri**deset***
40: *štiri**deset***
50: *pet**deset***
60: *šest**deset***
70: *sedem**deset***
80: *osem**deset***
90: *devet**deset***
100: ***sto***
200: *dve**sto***
300: *tri**sto***
400: *štiri**sto***
500: *pet**sto***
600: *šest**sto***
700: *sedem**sto***
800: *osem**sto***
900: *devet**sto***
1000: ***tisoč***

Im Slowenischen werden die Zahlen wie im Deutschen „von hinten aufgezäumt".
21: ***ena**in**dvaj**set* (**ein**und**zwanzig**)
135: *sto **pet**in**trideset*** (einhundert **fünf**und**dreißig**)
Die „magische Zahl" zwei gibt es mal als *dve*, mal als *dva*. Da heißt's aufpassen!
222: ***dve**sto **dva**in**dvaj**set*

Personalpronomen im Akk. 3. Person Singular
on/ono (er/es) → *ga* (ihn):
krilo (Rock) → ***Ga** želite pomeriti?* (Möchten Sie **ihn** anprobieren?)
ona (sie) → *jo* (sie)

Kavbojke sind die Hosen der Cowboys, die Jeans.

8 A

Übungen

Lösen Sie diese kniffligen Additionsaufgaben?
plus (plus)
je (ist, ergibt)

1. Können Sie addieren?

Trideset *plus* ***štirideset*** *je* ***sedemdeset.***

1. 30 + 40
2. 50 + 60
3. 80 + 220
4. 90 + 430
5. 330 + 660
6. 21 + 32
7. 24 + 45
8. 38 + 35
9. 41 + 47
10. 68 + 31

Hier hätten wir einige Fragen zum Dialog. Mal schauen, ob Sie den aufmerksam gelesen haben.
3. *preveliko* (zu groß)

2. Was ist richtig?

1. Kaj gleda Lisa?
   a ☐ Kavbojke.
   b ☐ Krilo.
2. A potrebujete številko štirideset?
   a ☐ Ja, prosim.
   b ☐ Ne, hvala.
3. Krilo je ...
   a ☐ premajhno.
   b ☐ preveliko.
4. Koliko stane krilo?
   a ☐ Petindvajset evrov.
   b ☐ Dvainpetdeset evrov.

Die Vokabeln dürften Sie alle kennen. Versuchen Sie sich als Übersetzer, aber nicht schummeln!

3. In der Damenabteilung

1. Was kostet der Rock?
2. Haben Sie Größe 38?
3. Der Rock ist zu klein.
4. Dieser Rock passt mir ausgezeichnet!
5. Was kosten die Jeans?

Hier hat jemand die Verben aus dem letzten Dialog ausradiert. Finden Sie noch die richtigen?

4. Was gehört zusammen?

1. To krilo ...
2. A vam lahko ...
3. Ga želite ...
4. Koliko ...
5. A vam .... večje?

a ☐ pomagam?
b ☐ pomeriti?
c ☐ gledam.
d ☐ prinesem
e ☐ stane?

Vergessen Sie nicht, dass Euro an die Zahl angepasst werden muss: *Evro, evra, evri, evrov* ... Sie sind sich nicht mehr sicher? Dann blättern Sie zurück zu Lektion 4B.

5. An der Kasse

54

To stane ***101 sto en evro****.*

1. 101
2. 302
3. 403
4. 504
5. 705
6. 806
7. 533
8. 456
9. 600
10. 999

Kaj si danes kupila?

55

kupil, kupila	er/sie hat gekauft
nov, nova, novo	neu
čevlji	Schuhe
pokaži!	zeig!
lep, lepa, lepo	schön
potem	dann
všeč mi je	er/sie/es gefällt mir
ker	weil
pisan, pisana, pisano	bunt
majica	Shirt
kul	cool
poceni	billig
bil, bila	er/sie war

■ Lisa, kaj si danes kupila?	Lisa, was hast du heute gekauft?
● Kupila sem nove čevlje.	Ich habe neue Schuhe gekauft.
■ Pokaži! Zelo so lepi!	Zeig her! Sie sind sehr schön!
● Potem sem kupila še krilo.	Dann habe ich noch einen Rock gekauft.
■ Všeč mi je, ker je pisano.	Er gefällt mir, weil er bunt ist.
● Ta majica je tudi nova.	Dieses Shirt ist auch neu.
■ Kul je!	Es ist cool!
● In še poceni je bila.	Und es war auch noch billig.

Verbeninfo
kupiti, kupim
(kaufen, ich kaufe)
pokazati, pokažem
(zeigen, ich zeige)

Gefällt's dir?
Achten Sie auf die geänderte Wortstellung und den Hosen-Plural!
A ti je všeč krilo?
(Dir ist gefällt der Rock? = Gefällt dir der Rock?)
Všeč mi je.
(Er/Sie/Es gefällt mir ist.)
*A **so** ti všeč kavbojke/bluze?*
(Gefällt dir die Jeans?/ Gefallen dir die Blusen?)
*Všeč **so** mi.*
(Sie gefällt/gefallen mir.)

Vergangenheit Singular
Präsensformen von *biti* im Singular + Partizip des Verbs. Das Singularpartizip bildet man, indem statt der Infinitvendung *-ti* die Partizipendungen *-l/-la/-lo* angehängt werden:
*kupi**ti*** →
(m) *kupi**l***
(f) *kupi**la***
(n) *kupi**lo***
*Peter **je kupil** srajco.* (Peter **hat** ein Hemd **gekauft**.)
***Kupila sem** krilo.* (**Ich** [f] **habe** einen Rock **gekauft**.)

***biti* (Vergangenheit, Sg.)**
sem bil (m)/*bila* (f) (ich war)
si bil/-a (du warst)
je bil/-a/-o (er/sie/es war)

8 B

Übungen

Hier gab's wohl so schöne und günstige *kavbojke*, dass jeder eine gekauft hat. Üben Sie die Vergangenheitsformen von *kupiti*!

1. Was haben sie gekauft?

56

***Peter** je **kupil** kavbojke.*

1. Peter
2. Tanja
3. Metka
4. Robert
5. tajnica
6. direktor
7. gospa Logar
8. gospod Križman

Nominativ oder Akkusativ Plural? Ist Ihnen aufgefallen, dass sich im Akkusativ Plural lediglich die männliche Endung ändert? Sie müssen sich nur eine Endung merken. Juhu!
2. *plašč* (Mantel)

2. Endung gut, alles gut

1. Kupil je — a ☐ novi čevlji. b ☐ nove čevlje.
2. Dobila je — a ☐ lepe plašče. b ☐ lepi plašči.
3. Rad ima — a ☐ pisane puloverje. b ☐ pisani puloverji.
4. Potrebovala sem — a ☐ novi šali. b ☐ nove šale.

Wir waren shoppen. Jeder hat etwas Hübsches erstanden, und Sie berichten darüber. Vergessen Sie ob der neuen Kleidungsstücke nicht die Vergangenheit!

3. Wer hat was gekauft?

1. Sie hat den Schal gekauft.
2. Peter hat die neuen Jeans bekommen.
3. Ich habe eine schöne Krawatte gekauft.
4. David hat neue Schuhe gebraucht.
5. Und was hast du gekauft?

Ein Bericht über Lisa und ihre nervenaufreibenden Abenteuer in Dialog 4B. Den müssen Sie nicht noch einmal lesen, oder?
v trgovini (im Geschäft)

4. Was hat Lisa gemacht?

1. Lisa je bila
2. Kupila je
3. Potem je pomerila še
4. Kupila ____ je.
5. Bluza je bila tudi

a ☐ poceni.
b ☐ v trgovini.
c ☐ ga
d ☐ lepe čevlje.
e ☐ pisano krilo.

Welche Kleidungsstücke gefallen Ihnen? Anscheinend viele.
Üben Sie die Konstruktion *Všeč mi je* ... und achten Sie auf Singular und Plural!

5. In der Boutique

57

*Všeč **mi je pisano krilo**.*

1. pisano krilo
2. rdeče nogavice
3. premajhen pulover
4. vaše hlače
5. pisana jakna
6. bela majica
7. novi čevlji
8. lep šal

Einkaufen in Slowenien

8

Wie andernorts in Europa ist das innerstädtische Geschäftesterben auch in Slowenien ein Problem, denn auch hier boomen gesichtslose Einkaufszentren. Aber in den slowenischen Städten zeigt sich ein Gegentrend: Kreative haben sich in der Altstadt von Ljubljana kleine Geschäfte „erobert“ und das Viertel schrittweise wiederbelebt. Alte und neue Handwerkskünste ergänzen nun einander.
Auch in Maribor begegnet man dem Leerstand produktiv, indem Kunststudenten tote Vitrinen zu SCHAUfenstern umfunktionieren.
Neben den internationalen Standards bekannter Modeketten und Labels findet man in Slowenien vor allem Mode aus Italien. Trachten werden nur noch bei Folkloreveranstaltungen getragen. Neben billiger Ware aus Bangladesch gibt es exklusive Designermode aus Slowenien. Insbesondere die Ljubljana Fashion Week dient als Laufsteg slowenischer Modedesigner. Aber auch in anderen Sparten sind die nationalen Gestalter gut im Geschäft, wie z. B. die Glasfabrik im Kurort Rogaška Slatina, die traditionelles mit neuem Design verbindet und deren Produkte in vielen slowenischen Haushalten zu finden sind.
Wer ein Souvenir sucht, sollte einfach die Augen offen halten. So kann man auf den Märkten Landestypisches erstehen. Ein beliebtes Mitbringsel ist Salz aus den Salinen von Piran. Es gibt auch Schokolade mit einer Prise Salz – schmeckt nach mehr/Meer! Oder Sie kaufen ein Modell des *kozolec* (typischer Heustadl). Eine Besonderheit sind die *panjske končnice* (kleine Brettchen vom Bienenstock) mit Bildern aus der Bibel oder aus der slowenischen Mythenwelt. Ein schönes Geschenk ist auch die Klöppelspitze aus Idrija. Kulinarische Spezialitäten wiederum lassen sich gerne in den schönen Korbwaren aus Ribnica transportieren.

Kleiner Grenzverkehr
Bereits vor mehreren Jahrzehnten schrieb die slowenische Band Rendez-Vous ein Lied über den Einkaufstourismus der Slowenen in Österreich: Shopping in Graz. Daran hat sich wenig geändert, denn nachwievor fahren die Slowenen zum Einkaufen gerne über die Grenze nach Klagenfurt, Graz, Triest oder Zagreb. Aber auch die Nachbarn der grenznahen Regionen kamen und kommen gerne zum Einkaufen nach Slowenien. Früher steuerte man die deutlich günstigeren Tankstellen an, heute geht es zum Frisör oder zum Zigarettenkauf an die Kioske. Ausflüge, die gerne mit einem guten Essen im Gasthaus gekrönt werden.

Bei **internationalen Markenprodukten** gibt es kaum Preisunterschiede.

In Konzerten oder bei einem Theaterbesuch ist gepflegtes Auftreten erwünscht, aber es können auch Jeans sein.

T

Test 2

Hier testen Sie Ihr Wissen über Land und Leute. Wenn Sie die Landeskundetexte aufmerksam gelesen haben, dürften die Fragen kein Problem für Sie sein.

1. Welche Antwort stimmt?

1. *Prekmurska gibanica* heißt ...
   a ☐ ein Wein.
   b ☐ ein Schmuckstück.
   c ☐ ein Dessert.
2. *Kavbojke* sind ...
   a ☐ Kafka-Biografien.
   b ☐ Jeans.
   c ☐ Kaffeetassen.
3. Auf Deutsch heißt *računalnik* ...
   a ☐ Computer.
   b ☐ Tablet.
   c ☐ Stick.
4. Fast die Hälfte Sloweniens ist mit ... bedeckt.
   a ☐ Meer
   b ☐ Bergen
   c ☐ Wald
5. Ein berühmtes Trinklied beginnt so:
   a ☐ *Kol'kor štrukljev, tol'ko kil ...*
   b ☐ *Kol'kor giban'c, tol'ko evrov ...*
   c ☐ *Kol'kor kapljic, tol'ko let ...*
6. *Valentin Vodnik* ist ein bekannter ...
   a ☐ Dichter.
   b ☐ Geschäftsmann.
   c ☐ Ökologe.

Können Sie ganz schnell antworten? Nur eine Antwort macht jeweils Sinn.

2. Fragen und Antworten

1. Kaj potrebuješ?	a ☐ Ja, prosim.
2. A bi vino?	b ☐ Trideset evrov.
3. Koliko je ura?	c ☐ Ob desetih.
4. A mi poveš svoj e-naslov?	d ☐ Robčke.
5. Koliko stanejo hlače?	e ☐ tinca.fink@siol.si.
6. Kdaj bo sestanek?	f ☐ Pol sedmih.

3. Was fehlt?

1. A lahko plačam ... kartico?
   a ☐ s
   b ☐ z
   c ☐ na
2. Juha je ...
   a ☐ dobro.
   b ☐ dobra.
   c ☐ dober.
3. Rada imam ...
   a ☐ mešanih solat.
   b ☐ mešano solato.
   c ☐ mešana solata.
4. ... še malo krompirja?
   a ☐ Kaj
   b ☐ Kdaj
   c ☐ Bi
5. Peter je ... pisano srajco.
   a ☐ kupil
   b ☐ kupilo
   c ☐ kupila
6. Kilo jabol..., prosim.
   a ☐ ka
   b ☐ ko
   c ☐ k

Seufz! Schon wieder diese kleinen Gemeinheiten! Keine Sorge, Sie machen das sicher mit links. Ansonsten sollten Sie sich den entsprechenden Grammatikhinweis nochmals anschauen.

4. Wie sagt man das auf Slowenisch?

1. Was kosten die Kirschen?
2. Guten Appetit!
3. Danke, gleichfalls!
4. Um drei.
5. Um halb zwei.
6. Sie hat den Schal gekauft.
7. Zweiundfünzig Euro.

So, jetzt geht's ans Eingemachte. Sie kaufen ein, wünschen dem Kollegen einen guten Appetit und sind auch noch rechtzeitig beim Meeting. Toll gemacht!

9

Ans Meer!

Wochenend und Sonnenschein

Sehr oft werden Sie anstelle von *konec tedna* (Wochenende) das aus dem Englischen kommende *vikend* (weekend) hören. Das Wochenendhäuschen wird folglich *vikend* oder *vikendica* genannt.

Wer mit dem Auto unterwegs ist und sich nicht nur für Sonne und Meer interessiert, sollte auch das sehenswerte **Hinterland** erkunden:
– die kleine Wehrkirche in Hrastovlje mit den berühmten Totentanzfresken,
– die Karsthöhlen,
– Lipica mit dem Gestüt der berühmten Lipizzaner-Pferde.

Die Karstregion bietet auch allerhand Köstlichkeiten für den Gaumen: *pršut* (Prosciutto), *tartufi* (Trüffel), die *kaki*-Frucht (Kaki) und die Rotweinsorte *teran* (Teran).

Für dieses Wochenende ist schönes Wetter angesagt, also wollen Robert und Lisa mit dem Zug ans Meer fahren. Der Schalterbeamte macht ihnen ein Angebot: *Lahko vam ponudim turistično vozovnico za vikend* (Ich kann Ihnen eine Touristenfahrkarte für das Wochenende anbieten). Das Ticket ist auch noch *ugodno* (günstig): *Štirinajst evrov na osebo* (Vierzehn Euro pro Person). Robert erkundigt sich noch nach den Abfahrtszeiten der Züge von Ljubljana nach Koper und nach der Fahrtzeit und nimmt dann das Wochenendticket für ihn und Lisa: *Dve povratni vozovnici, prosim* (Zwei Rückfahrkarten, bitte).

Am Nachmittag schnuppern die beiden schon Meeresluft. Herrlich! Robert freut sich auf ein paar erholsame Stunden am Meer: *Končno sva na plaži!* (Endlich sind wir am Strand!) Doch Lisa möchte sich nicht auf dem harten Boden niederlassen: *A vzameva ležalnik?* (Nehmen wir einen Liegestuhl?) Robert stimmt zu, ist aber mit den Gedanken schon woanders. *Kje so moje kopalke?* (Wo ist meine Badehose?) *V torbi* (In der Tasche), antwortet Lisa und zeigt auf die große Badetasche. *Kje je krema za sončenje?* (Wo ist die Sonnencreme?), ist Roberts nächste Frage. Lisa verweist wiederum auf die Tasche. Aber Robert hat noch nicht alles: *Kje je moja brisača?* (Wo ist mein Handtuch?) Lisa ist bereits leicht genervt über ihren suchfaulen Freund. Robert räkelt sich schon auf seinem Liegestuhl, zum perfekten Glück fehlt ihm nur noch eine Sache: *In kje so moja sončna očala?* (Und wo ist meine Sonnenbrille?) Lisa reicht es nun und sie zischt: *Doma!* (Zu Hause!) Die leicht frostige Stimmung zwischen den beiden taut aber bei den angenehmen Sonnenstrahlen und dem Rauschen des Meeres bald wieder auf.

Dve povratni vozovnici

58

povratna vozovnica	Rückfahrkarte
ponudim	ich biete an
turističen, turistična, turistično	touristisch
karta	Karte
vikend	Wochenende (ugs.)
na osebo	pro Person
ugodno	günstig
vozi	er/sie/es fährt
koliko časa?	wie lange?, wie viel Zeit?
do	bis
približno	circa, ungefähr

■ Dve povratni vozovnici Ljubljana–Koper, prosim.	Zwei Rückfahrkarten Ljubljana–Koper, bitte.
● Lahko vam ponudim turistično vozovnico za vikend.	Ich kann Ihnen eine Touristenfahrkarte für das Wochenende anbieten.
■ Koliko stane vozovnica?	Wie viel kostet die Fahrkarte?
● Štirinajst evrov na osebo.	Vierzehn Euro pro Person.
■ To je ugodno. Kdaj gre vlak za Koper?	Das ist günstig. Wann fährt der Zug nach Koper?
● Ob 9:42, 15:33 in 17:54.	Um 9:42, 15:33 und 17:54.
■ Koliko časa vozi vlak do Kopra?	Wie lange fährt der Zug bis Koper?
● Približno dve uri.	Circa zwei Stunden.
■ V redu. Dve povratni vozovnici, prosim.	In Ordnung. Zwei Rückfahrkarten, bitte.

Verbeninfo
ponuditi, ponudim
(anbieten, ich biete an)
voziti, vozim
(fahren, ich fahre)

***ne biti* (nicht sein)**
(jaz) ***ni****sem* (ich bin nicht)
(ti) ***ni****si* (du bist nicht)
(on/ona/ono) ***ni***
(er/sie/es ist nicht)
(mi) ***ni****smo* (wir sind nicht)
(vi) ***ni****ste*
(ihr seid nicht, Sie sind nicht)
(oni) ***ni****so* (sie sind nicht)

***Kam?* (Wohin?)**
v (nach), ***na*** (auf) plus **Akk.**:
Kam greš? (Wohin gehst du?)
(m) *Grem* ***v*** *Koper.*
(Ich fahre **nach** Koper.)
(f) *Grem* ***v*** *Izolo.*
(Ich fahre **nach** Izola.)
(n) *Grem* ***v*** *Celje.*
(Ich fahre **nach** Celje.)

do **(bis)** plus **Genitiv**:
(m) *Vlak vozi* ***do*** *Kopr****a****.*
(Der Zug fährt **bis** Koper.)
(f) *Vlak vozi* ***do*** *Ljubljan****e****.*
(Der Zug fährt **bis** Ljubljana.)
(n) *Vlak vozi* ***do*** *Celj****a****.*
(Der Zug fährt **bis** Celje.)

Zielort mit ***za*** plus **Akk.**:
Vlak ***za*** *Koper.*
(Der Zug **nach** Koper.)
Avtobus ***za*** *Maribor.*
(Der Autobus **nach** Maribor.)

Neben Singular und Plural gibt es noch den **Dual** (Zweizahl) für paarweise auftretende Elemente:
(m) *vlak* → ***dva*** *vlak****a***
(ein Zug → **zwei** Züge)
(f) *vozovnica* → ***dve*** *vozovnic****i*** (eine Fahrkarte → **zwei** Fahrkarten)
(n) *letalo* → ***dve*** *letal****i*** (ein Flugzeug → **zwei** Flugzeuge)

Übungen

Zu zweit geht alles besser. Viel Spaß mit dem Dual!
3. *letalo* (Flugzeug)
4. *otrok* (Kind)
6. Die slowenische Version eines bekannten US-amerikanischen Getränks.

1. Das Ganze mal zwei, bitte!

59

Dve osebi.

1. oseba
2. vlak
3. letalo
4. otrok
5. vozovnica
6. cockta
7. slovar
8. koš
9. ura
10. krilo

Welche Endungen folgen auf *kam?* (wohin?)?

2. Wohin geht's heute?

Greva na ***plažo***.

1. na plaža
2. v Koper
3. v trgovina
4. na morje
5. v kino

Für diese Übersetzung sollten Sie den Dual kennen!
4. *popust* (Rabatt)

3. Doppelpack

1. Zwei Rückfahrkarten nach Maribor, bitte.
2. Was kosten die zwei?
3. Die zwei sind nicht teuer.
4. Und noch zwei Euro Rabatt pro Person.
5. Perfekt!

Präpositionen sind für das Verständnis oft entscheidend, aber leider nur schwer auseinanderzuhalten!

4. Welche Präposition gehört wohin?

1. Kdaj gre vlak ___ Koper?	a ☐ na
2. Dva evra ___ osebo.	b ☐ za
3. Kako dolgo vozi vlak __ Ljubljane?	c ☐ ob
4. Potuje ___ vlakom.	d ☐ do
5. Vlak imam ___ enih.	e ☐ z

Verneinen Sie *biti*!

5. Bist du nicht zu Hause?

Nisem *doma*.

1. jaz
2. Peter, Monika, David
3. vi
4. direktor
5. Maja
6. ti

Končno sva na plaži!

9 B

60

končno	endlich
sva	wir zwei sind
plaža	Strand
vzameva	wir zwei nehmen
ležalnik	Liegestuhl
kopalke	Badehose, -anzug; Bikini
torba	Tasche
sončen, sončna, sončno	sonnig, Sonnen-
krema za sončenje	Sonnencreme
brisača	Handtuch
sončna očala	Sonnenbrille
doma	zu Hause

■ Končno sva na plaži!	Endlich sind wir am Strand!
● A vzameva ležalnik?	Nehmen wir einen Liegestuhl?
■ Ja. Kje so moje kopalke?	Ja. Wo ist meine Badehose?
● V torbi.	In der Tasche.
■ Kje je krema za sončenje?	Wo ist die Sonnencreme?
● Tudi v torbi.	Auch in der Tasche.
■ Kje je moja brisača?	Wo ist mein Handtuch?
● Tu v torbi.	Hier in der Tasche.
■ In kje so moja sončna očala?	Und wo ist meine Sonnenbrille?
● Doma!	Zu Hause!

Verbeninfo
vzeti, vzamem
(nehmen, ich nehme)

Konjugation Dual
*(midva) vzame**va***
(**wir zwei** nehmen)
*(vidva) vzame**ta***
(**ihr zwei** nehmt)
*(onadva) vzame**ta***
(**die beiden** nehmen)

Dual von ***biti*** **(sein)**
(midva) ***sva*** (**wir zwei** sind)
(vidva) ***sta*** (**ihr zwei** seid)
(onadva) ***sta*** (**die beiden** sind)

Auf die Frage ***kje?*** (wo?) folgen ***v*** (in) und ***na*** (auf) **plus Lokativ** (5. Fall):
(m) *Koper → v Kopr**u*** (in Koper)
(f) *Izol**a** → v Izol**i*** (in Izola)
(n) *Celj**e** → v Celj**u*** (in Celje)

Očala (Brille) wird nur im **Plural** verwendet! Deshalb ist auch das Verb im Plural.

Das gehört mir!
Auch das Possessivpronomen ***moj, moja, moje*** (mein) wird in Zahl, Fall und Geschlecht angepasst. Hier mal der Singular:
(m) ***moj*** *ležalnik* (**mein** Liegestuhl)
(f) ***moja*** *brisača* (**mein** Handtuch)
(n) ***moje*** *pivo* (**mein** Bier)

Japonke sind Japanerinnen, aber auch Flipflops werden so genannt.

Übungen

Kje je ...? (Wo ist ...?) Eine Frage, die häufig beantwortet werden muss. Antworten Sie mit der Präposition *v/na* und üben Sie den Lokativ!

1. Wo?

61

V torbi.

1. torba
2. morje
3. Avstrija
4. pisarna
5. Slovenija
6. koš
7. trgovina
8. Celje
9. Kranj
10. Nemčija

Bilden Sie aus den Wörtern Sätze mit *biti*.
Die Städte Ptuj und Dunaj haben die Präposition *na*.
7. *študent* (Student), *univerza* (Universität)
8. *prijatelj* (Freund), Obala (Küste)
10. *družina* (Familie)

2. Ich bin am Strand

Sem na plaži.

1. jaz – plaža
2. Robert – Dunaj
3. Lisa – morje
4. tajnica – postaja
5. direktor – vlak
6. knjiga – brisača
7. študent – univerza
8. prijatelji – Obala
9. Nina in Gregor – dopust
10. družina Markovec – Ptuj

Noch ein wenig Reflexion über den Tag. Übersetzen Sie!

3. Wie war der Tag?

1. Endlich sind wir zwei zu Hause!
2. Meine Tasche ist noch im Lift.
3. Der Tag war so schön!
4. Wir zwei waren am Meer.
5. Meine Brille blieb zu Hause.

Kje? oder *kam?* Welche Frage verlangt welchen Fall? Wenn Sie zu lange grübeln müssen, schauen Sie im B-Dialog nochmals nach.
6. *na dopust* (in Urlaub)

4. Antworten Sie auf die Fragen!

1. Kje so kopalke?	a ☐ Doma.
2. Kje je brisača?	b ☐ Na plaži.
3. Kam si dala kremo za sončenje?	c ☐ V torbi.
4. Kje sta?	d ☐ Na ležalniku.
5. Kje so očala?	e ☐ V torbo.
6. Kam gremo na dopust?	f ☐ Na Obalo.

Zugegeben, diese Dual-Endungen sind schon ein wenig lästig. Aber der Dual macht auch viele Sachverhalte klarer.

5. Was machen wir zu zweit?

Piševa razglednico.

1. pisati – razglednica
2. jesti – kosilo
3. gledati – televizija
4. iti – morje
5. imeti – otrok

Meeresluft

9

Venezianischer Baustil prägt die schmucken Städtchen und verbreitet italienisches Flair. Hier lebt auch die als Minderheit offiziell anerkannte italienischsprachige Volksgruppe. Sie hat – ebenso wie die zweite anerkannte Minderheit, die Ungarn in Ostslowenien – das Recht auf eigene Schulen, Medien, Schrift und Sprache. So sind überall in der Region die Ortsnamen und sämtliche Aufschriften zweisprachig slowenisch-italienisch. In der warmen Jahreszeit nutzen viele Slowenen die Nähe zum Meer für einen Wochenendausflug. Doch auch Italiener, Österreicher und Deutsche zieht es vor allem an den jeweiligen Brückenwochenenden an die slowenische Küste.
Früher war die Region von der Salinenwirtschaft geprägt. Seit dem 12. Jahrhundert legte man künstliche Becken zur Salzgewinnung an. Im 19. Jahrhundert erlebten die Salinen ihre Hochblüte. Salz aus Piran galt damals in vielen Ländern als Luxusprodukt. Die Salzerzeugung ernährte einst 500 Familien, die während der Arbeit in den kleinen Salinenhäuschen wohnten. Leider sind davon nur noch wenige erhalten. Auch die Salinenbecken sind mittlerweile von der Natur zurückerobert: Zahlreiche Vogel- und Pflanzenarten finden hier ihren Lebensraum. 2001 wurden die Salinen von Sečovlje zum Naturschutzgebiet erklärt. Nur noch in Strunjan und Sečovlje sind die Salinen in Betrieb und beschäftigen heute rund 50 Personen. Im Salzwerkmuseum von Fontanigge wird das Leben der *solinarji* (Salzarbeiter) und die Technik der Salzgewinnung dargestellt. Ein Spaziergang durch die Salinen entlang der Becken oder eine Kanufahrt durch die Kanallandschaft macht diese alte Kulturlandschaft zu einem nachhaltigen Erlebnis.

Slowenien besitzt **46 Küstenkilometer** im nordwestlichen Teil der Halbinsel Istrien.

Wichtige Küstenstädte
Koper/Capodistria, Izola/Isola, Piran/Pirano und Portorož/Portorose mit dem großen Jachthafen Lucija/Lucia.

Eis-ABC
In jedem Küstenstädtchen gibt es hervorragende Eissalons:
Kepico sladoleda, prosim. (Eine Kugel Eis, bitte.)
Dve kepici sladoleda. (Zwei Kugeln Eis.)
Tri kepice sladoleda. (Drei Kugeln Eis.)
Klassische Eissorten: *jagoda* (Erdbeer), *čokolada* (Schokolade), *vanilija* (Vanille).

Gesalzen
Pojdi se solit! (Geh dich salzen! = Geh zum Teufel!), sagt der Slowene, wenn er von jemandem genug hat.

10

Autsch, das tut weh!

Für den Notfall
lekarna (Apotheke)
zdravstveni dom (Gesundheitszentrum)
bolnišnica (Krankenhaus)
klinika (Klinik)
ambulanta (Ambulanz)
čakalnica (Wartezimmer)
nesreča (Unfall)
rešilni avto, rešilec (Rettungswagen)
prva pomoč (Erste Hilfe)
zdravnik (Arzt)
zdravnica (Ärztin)
zobozdravnik (Zahnarzt)
zobozdravnica (Zahnärztin)
medicinska sestra (Krankenschwester)
medicinski tehnik (Krankenpfleger)
zdravilo (Medizin)
tableta (Tablette)
obliž (Pflaster)
povoj (Verband)
injekcija (Spritze)
recept (Rezept)
napotnica (Überweisung)

Robert und Lisa sitzen gemütlich im Eiscafé, da schreit Lisa auf: Autsch!, das war eine *osa* (Wespe)! Der Kellner bringt zwar sofort Eiswürfel zum Kühlen, aber Lisa möchte sicherheitshalber doch lieber eine Salbe aus der Apotheke holen. *Osa me je pičila* (Eine Wespe hat mich gestochen), erklärte sie dem Apotheker. Er betrachtet ihren Arm: *A vas boli?* (Tut es Ihnen weh?) Lisa nickt: *Ja, malo in zelo srbi* (Ja, ein wenig und es juckt sehr). Der Apotheker vermutet eine Wespenallergie: *Lahko vam dam mazilo* (Ich kann Ihnen eine Salbe geben), meint er, doch *svetujem vam* (ich empfehle Ihnen), *da greste k zdravniku* (dass Sie zum Arzt gehen).
Anfangs hilft die Salbe ein wenig, aber die Schwellung tut anhaltend weh. Also geht Lisa doch zu einem Arzt. *Kaj vas boli?* (Was tut Ihnen weh?), fragt dieser ruhig. Lisa deutet auf ihre *oteklina* (Schwellung) am Arm. Der Arzt will wissen, ob sie *vročina* (Fieber) habe oder ihr *slabo* (schlecht) sei. *Ne, nimam* (Nein, habe ich nicht), stöhnt Lisa, *ampak glava me boli* (aber der Kopf tut mir weh). Der Arzt bestätigt die Vermutung des Apothekers: *Mislim, da ste alergični na osji pik* (Ich denke, Sie sind auf den Wespenstich allergisch). Na, toll, denkt Lisa, ich war doch nie gegen etwas allergisch! *Pojdite v lekarno po te tablete!* (Holen Sie in der Apotheke diese Tabletten!), meint der Arzt: *Izvolite recept* (Hier haben Sie das Rezept). Lisa bedankt sich und bei der Verabschiedung gibt ihr der Arzt noch mit auf den Weg: *Pijte veliko vode!* (Trinken Sie viel Wasser!) und *danes ostanite doma!* (bleiben Sie heute zu Hause!) Lisa freut sich ohnehin nur noch auf die Couch.

Lahko vam dam mazilo

10 A

62

osa	Wespe
me	mich
je pičil, je pičila	er/sie hat gestochen
boli	er/sie/es tut weh/schmerzt
srbi	er/sie/es juckt
mislim	ich denke
alergičen, alergična, alergično	allergisch
osji pik	Wespenstich
mazilo	Salbe
svetujem	ich rate
k	zu
zdravnik	Arzt

■ Dober dan. Kako ste?	Guten Tag. Wie geht es Ihnen?
● Osa me je pičila.	Eine Wespe hat mich gestochen.
■ Ali vas boli?	Tut es Ihnen weh?
● Ja, malo in zelo srbi.	Ja, ein wenig und es juckt sehr.
■ Mislim, da ste alergični na osji pik. Lahko vam dam mazilo.	Ich denke, dass Sie allergisch sind auf den Wespenstich. Ich kann Ihnen eine Salbe geben.
● Hvala lepa.	Danke schön.
■ Svetujem vam, da greste k zdravniku.	Ich rate Ihnen, dass Sie zum Arzt gehen.
● V redu.	In Ordnung.

Verbeninfo
pičiti, pičim
(stechen, ich steche)
boleti, boli
(weh tun, schmerzen; er/sie/es tut weh)
srbeti, srbi
(jucken, er/sie/es juckt)
misliti, mislim
(denken, ich denke)
svetovati, svetujem
(raten, ich rate)

***Alergičen/-na sem na ...* + Akk.**
(Ich bin allergisch auf ...)
osji pik (Wespenstich)
penicilin (Penizillin)
belo moko (Weißmehl)
mleko (Milch)
oreške (Nüsschen)
sonce (Sonne)
cvetni prah (Blütenstaub)

***k* + Dativ (Sg)**
(m/n) *zdravnik* (Arzt) →
k zdravniku (zum Arzt)
(f) *zdravnica* (Ärztin) →
k zdravnici (zur Ärztin)

Želim ti/vam hitro okrevanje! (Ich wünsche dir/Ihnen schnelle Besserung!)

10 A

Übungen

Hoffentlich müssen Sie diese Sätze nie anwenden! Falls doch, nicht vergessen: Es folgt der Akkusativ!

1. Ich bin allergisch auf ...

63

*Alergičen sem na **penicilin**.*

1. penicilin
2. mleko
3. sonce
4. osji pik
5. jagode
6. bela moka
7. oreški
8. cvetni prah

Wie verläuft der Dialog in der Apotheke?
Pojdite! (Gehen Sie!)

2. Ordnen Sie den Dialog!

_ Boli me in srbi.
_ Osa me je pičila.
_ Lahko vam dam mazilo.
_ Pojdite k zdravniku!

Heute auf der Agenda! Allerhand Termine sind zu erledigen, aber irgendwann geht es auch nach Hause.
3. *frizerka (*Frisörin)
4. *avtomehanik* (Automechaniker)

3. Wohin gehst du?

64

*Grem k **zdravniku**.*

1. zdravnik
2. zobozdravnik
3. frizerka
4. avtomehanik
5. domov
6. zdravnica
7. tajnica
8. direktor

Klein, aber fein! Diese Wörtchen schauen so unscheinbar aus, haben es aber in sich!

4. Wohin mit diesen kleinen Wörtern?

1. Osa ____ je pičila.
2. Pojdite ____ zdravniku!
3. Lahko ____ dam mazilo.
4. A ____ boli?
5. Alergični ste ____ osji pik.

a ☐ vas
b ☐ na
c ☐ me
d ☐ k
e ☐ vam

Zeigen Sie mal, dass Sie gestochen übersetzen können!
1. *komar* (Stechmücke)

5. Autsch!

1. Eine Stechmücke hat mich gestochen.
2. Es juckt so sehr.
3. Ich brauche eine Salbe.
4. Ich gehe in die Apotheke.
5. Ich bin allergisch auf den Wespenstich.

10 B

Kaj vas boli?

65

oteklina	Schwellung
slabo	schlecht
vročina	Fieber
nimam	ich habe nicht
ampak	aber
glava	Kopf
pojdite po ...!	holen Sie ...!
tableta	Tablette
recept	Rezept
pijte!	trinken Sie!
voda	Wasser
ostanite!	bleiben Sie!

■ Kaj vas boli?	Was tut Ihnen weh?
● Ta oteklina. Osa me je pičila.	Diese Schwellung. Eine Wespe hat mich gestochen.
■ A vam je slabo?	Ist Ihnen schlecht?
● Ne.	Nein.
■ Imate vročino?	Haben Sie Fieber?
● Ne, nimam, ampak glava me boli.	Nein, habe ich nicht, aber der Kopf tut mir weh.
■ Mislim, da ste alergični na osji pik. Pojdite v lekarno po te tablete! Izvolite recept.	Ich glaube, Sie sind allergisch auf den Wespenstich. Holen Sie in der Apotheke diese Tabletten! Hier haben Sie das Rezept.
● V redu. Hvala.	In Ordnung. Danke.
■ Pijte veliko vode in danes ostanite doma!	Trinken Sie viel Wasser und bleiben Sie heute zu Hause!

Verbeninfo
ne imeti, nimam
(nicht haben, ich habe nicht)
piti, pijem
(trinken, ich trinke)
ostati, ostanem
(bleiben, ich bleibe)
iti po, grem po + Akk.
(holen, ich hole)

Aufforderungen
vzemi!/vzemite!
(nimm!/nehmen Sie!, nehmt!)
pij!/pijte!
(trink!/trinken Sie!, trinkt!)
ostani!/ostanite!
(bleib!/bleiben Sie!, bleibt!)
pojdi!/pojdite!
(geh!/gehen Sie!, geht!)
pojdi po!/pojdite po!
(hol!/holen Sie!, holt!)

***deli telesa* (Körperteile)**
telo (Körper)
glava (Kopf)
las, lasje (Haar, Haare)
obraz (Gesicht)
oko, oči (Auge, Augen)
uho, ušesa (Ohr, Ohren)
nos (Nase)
usta (Mund)
ustnice (Lippen)
zob, zobje (Zahn, Zähne)
roka, roke (Hand, Hände)
prst, prsti (Finger; Zeh, Zehen)
trebuh (Bauch)
hrbet (Rücken)
noga, noge (Fuß, Füße)

10 B

Übungen

Geben Sie Ihrem kranken Freund gute Ratschläge!
5. *ležati, ležim* (liegen, ich liege)
6. *počivati, počivam* (ausruhen, ich ruhe mich aus)

1. Tu dieses und jenes!

Pij veliko vode.

1. Pijem veliko vode.
2. A ostanem doma?
3. Grem k zdravniku.
4. Vzela sem tableto?
5. Ležim v postelji.
6. Počivam.

Das klingt ja gar nicht gut! Übersetzen Sie dieses Lamento!
4. *vse* (alles)

2. Mir ist soooo übel!

1. Mir ist schlecht.
2. Ich habe auch Fieber.
3. Auch mein Kopf tut mir weh.
4. Alles tut mir weh.
5. Ich muss zum Arzt.

Hier ist Jammern erlaubt. Welche Körperteile tun Ihnen weh?

3. Was tut Ihnen weh?

66

***Glava** me boli.*

1. glava
2. zob
3. grlo
4. hrbet
5. trebuh
6. noga
7. roka
8. desno uho

Die Ein-Zwei-Buchstaben-Wörter machen die Sprache locker und geschmeidig. Sie sollten die nie unterschätzen!

4. Was setzen Sie wo ein?

1. Kaj ____ boli?
2. Moram ____ zdravniku.
3. Slabo ____ je.
4. Grlo ____ boli.
5. Alergična sem ____ penicillin.

a ☐ na
b ☐ mi
c ☐ k
d ☐ vas
e ☐ me

Tja, wie könnte man hier helfen?
Fällt Ihnen was ein?

5. Was empfehlen Sie?

***Vzemi tableto**!*

1. Glava me boli. – tableta
2. Zob me boli. – zobozdravnik
3. Imam vročino. – voda
4. Prehlajen sem. – počivati
5. Grlo me boli. – ostati doma
6. Bolan sem. – počivati in ostati doma

10

Gesundheitssystem

Slowenien hat ein gut ausgebautes Gesundheitssystem. Die ersten regionalen Gesundheitszentren in Slowenien entstanden bereits 1948. Sie decken die meisten Bereiche ab: Vorsorge, Allgemeinmedizin, akute Notfälle, Labordiagnostik sowie Heimbetreuung. Freie Arztwahl besteht bei Allgemeinmedizinern, Zahnärzten und Gynäkologen. Die Slowenen kritisieren allerdings die oft langen Wartezeiten für Termine bei Spezialisten.
Finanziert wird das slowenische Gesundheitswesen vor allem durch die Pflichtversicherung, die *Zavod za zdravstveno zavarovanje Slovenije* (Slowenische Krankenversicherung) ist die einzige Versicherungsanstalt des Landes. Kinder und erwerbslose Ehepartner/Partner werden beitragsfrei mitversichert. Viele Slowenen ergänzen die Grundversorgung durch eine Zusatzversicherung. Medikamente, die auf einer Medikamentenliste eingetragen sind, verschreiben Ärzte auf einem grünen Rezept – diese werden ganz oder teilweise durch die Krankenversicherung finanziert. Die freiwillige Zusatzkrankenversicherung übernimmt den Differenzbetrag zum Vollpreis des Medikaments. Keine Kostenrückerstattung gibt es für Medikamente, die auf einem weißen Rezept verschrieben werden. „Weiße" Rezepte werden leider immer öfter ausgestellt. Bei kleineren Beschwerden wie Erkältungen, Kopfschmerzen, erhöhter Temperatur oder Insektenstichen bekommt man in Apotheken Medikamente auch ohne Rezept. Das Apothekennetz ist landesweit gut ausgebaut, in Städten besteht ein 24-Stunden-Notdienst. Mit der Europäischen Krankenversicherungskarte erhalten reisende EU-Bürger dieselben medizinischen Leistungen wie die Slowenen, nur Privatärzte müssen auch privat bezahlt werden.

Notruf
Mit der Nummer **112** gelangen Sie zum *Center za obveščanje* (Zentrum für Benachrichtigungen). Von dort wird man Ihnen im Notfall einen Notarzt, den Krankenwagen oder die Feuerwehr schicken. Die Polizei erreichen Sie unter **113**.

Wo tut's denn weh?
Prehlajen/-a sem.
(Ich bin erkältet.)
Imam gripo.
(Ich habe Grippe.)
Imam vročino.
(Ich habe Fieber.)
Slabo mi je.
(Mir ist schlecht.)
Glava me boli.
(Der Kopf tut mir weh.)
Grlo me boli.
(Die Kehle tut mir weh.
= Ich habe Halsweh.)

11

Kulturprogramm

Cankarjev dom **(Cankar-Haus)** ist das große Veranstaltungs- und Kongresszentrum in Ljubljana, das nach dem Schriftsteller Ivan Cankar (1876–1918) benannt und von 1977 bis 1982 nach den Plänen von Edo Ravnikar erbaut wurde.

Freizeit
Kje (Wo?) verbringen Sie Ihre Freizeit am liebsten?
v muzeju (im Museum)
v gledališču (im Theater)
na koncertu (im Konzert)
na sejmu (auf der Messe)
na razstavi (in der Ausstellung)
na tekmi (beim Match)
v naravi (in der Natur)
na kopališču (im Schwimmbad)
na kavču (auf der Couch)
na pijači (bei einem Getränk)

Robert möchte am Abend nicht zu Hause sitzen: *A greva zvečer ven?* (Gehen wir zwei am Abend aus?), fragt er Lisa. *Ja, z veseljem* (Ja, gerne). *Kam pa greva?* (Wohin gehen wir denn?) Robert hat keine rechte Idee. *A bi šel v kino?* (Würdest du ins Kino gehen?), schlägt Lisa vor. Hm, *danes ne* (heute nicht), meint er lustlos: *Jaz bi šel jutri* (Ich würde morgen gehen). Lisa macht einen neuen Versuch: *V Ljubljani je zdaj poletni festival.* (In Ljubljana ist jetzt das Sommerfestival.) *Saj res!* (Ja, genau!), daran hatte Robert gar nicht gedacht: *Morda je danes kakšen zanimiv koncert* (Vielleicht gibt es heute irgendein interessantes Konzert). Lisa schaut gleich im Internet nach dem Veranstaltungsprogramm. Am nächsten Tag gäbe es ein tolles Konzert des bekannten slowenischen Sängers Vlado Kreslin *v Cankarjevem domu* (im Cankar-Haus). Ob sie dafür noch Karten bekommen? Also schickt Lisa ihren Liebsten gleich mal zum Kartenschalter.
Jutri je menda koncert Vlada Kreslina (Morgen ist angeblich ein Konzert von Vlado Kreslin), erklärt Robert seinen Wunsch. Der Verkäufer nickt: *Koncert bo jutri ob osmih* (Das Konzert wird morgen um acht stattfinden). Robert freut sich, es gibt tatsächlich noch Karten und er hat sogar die Auswahl, ob vorne, hinten oder in der Mitte. *Vzela bom dve v deseti vrsti* (Ich werde zwei in der zehnten Reihe nehmen), entscheidet sich Robert für die Mitte. *Boste plačali z gotovino ali s kartico?* (Werden Sie mit Bargeld oder mit Karte bezahlen?), möchte der Verkäufer noch wissen. *Z gotovino* (Bar), antwortet Robert. Mit den Tickets in der Tasche macht er sich schließlich auf den Heimweg. Er freut sich schon richtig auf das Konzert.

A bi šel v kino?

67

greva ven	wir zwei gehen aus
zvečer	am Abend
vem	ich weiß
bi šel	würde gehen
kino	Kino
zdaj	jetzt
poletni festival	Sommerfestival
saj res!	ja, genau!
morda	vielleicht
kakšen, kakšna, kakšno	irgendein, wie?, was für ein?
zanimiv, zanimiva, zanimivo	interessant
koncert	Konzert

■ A greva zvečer ven?	Gehen wir zwei am Abend aus?
● Ja, z veseljem. Kam pa greva?	Ja, gerne. Wohin gehen wir denn?
■ Hm, ne vem.	Hm, ich weiß nicht.
● A bi šel v kino?	Würdest du ins Kino gehen?
■ Danes ne. Jaz bi šel jutri.	Heute nicht. Ich würde morgen gehen.
● V Ljubljani je zdaj poletni festival.	In Ljubljana ist jetzt das Sommerfestival.
■ Saj res! Morda je danes kakšen zanimiv koncert.	Ja, genau! Vielleicht gibt es heute ein interessantes Konzert.

Verbeninfo
pogledati, pogledam
(schauen, ich schaue)
iti ven, grem ven
(ausgehen, ich gehe aus)
vedeti, vem
(wissen, ich weiß)

Partizip von *iti* (gehen)
(m) *šel*
(f) *šla*
(n) *šlo*

Konditional Präsens
***bi* + Partizip:**
(m) *Šel bi* *v kino.* (**Ich würde** ins Kino **gehen**.)
(f) *Šla bi* *na koncert.* (**Ich würde** ins Konzert **gehen**.)
Höflichkeitsform:
*A **bi vi šli** na koncert?* **Würden Sie** ins Konzert **gehen**?)

poletni/-a/-o (Sommer-) + *festival* (Festival) = *poletni festival* (Sommerfestival)

Pa hat verschiedene Bedeutungen und wird häufig verwendet:
*Sem iz Avstrije. **Pa** ti?* (Ich bin aus Österreich. **Und** du?)
*Lisa bi šla na koncert, Robert **pa** v kino.* (Lisa würde ins Konzert gehen, Robert **aber** ins Kino.)

11 A

Übungen

Kam gremo?
Nicht nur das Abendprogramm will gut überlegt sein, sondern auch die (m/f) Form *bi šel* bzw. *bi šla* sowie die Höflichkeitsform *bi šli*.

1. Wohin am Abend?

68

Borut,** a bi **šel v kino?

1. Borut – v kino
2. Vera – v gledališče
3. vi – na koncert
4. Aljaž – na tekmo
5. Nina – na razstavo
6. Maja – v trgovino
7. Peter – domov
8. Marko – k prijatelju
9. gospod direktor – na sestanek
10. David – na pijačo

Die deutschen Varianten klingen ähnlich. Wie lautet die korrekte Übersetzung?

2. Kleine Nuancen

1. Ja, z veseljem.
   a ☐ Ja, sicher.
   b ☐ Ja, gerne.
2. Ne vem.
   a ☐ Ich weiß nicht.
   b ☐ Leider nein.
3. Danes ne.
   a ☐ Heute nicht.
   b ☐ Gar nicht.
4. Zvečer.
   a ☐ Abends.
   b ☐ Am Abend.

Sind Sie ein Kaffeetrinker? Na, dann kommen Sie doch mit auf einen Kaffee!

3. Lust auf einen Kaffee?

1. Gehen wir zwei heute Kaffee trinken?
2. Ja, gerne!
3. Und wohin denn?
4. Im Zentrum ist eine neue Bar.
5. In Ordnung. Um drei in der Stadt.

Das Slowenische liebt kleine Wörtchen. Damit Sie nicht durcheinanderkommen, üben wir sie hier ein wenig.

4. Was passt zusammen?

1. _____ greva jutri zvečer ven?
2. _____ pa greva?
3. _____ vem.
4. _____ mesto.
5. _____ koncert.

a ☐ Kam
b ☐ V
c ☐ Na
d ☐ Ne
e ☐ A

Es gibt mehrere Lösungen. Welche Tageszeit schlagen Sie vor?

5. Gestern, heute oder doch morgen?

jutri – zvečer – zdaj – danes

1. _____ vedno pijem mleko.
2. _____ grem k zobozdravniku.
3. Kdaj boš prišel? _____
4. A bi šel _____ ven?

A imate še vstopnice?

69

jutri	morgen
menda	angeblich
bo	er/sie/es wird sein
Cankarjev dom	Cankar-Haus
vstopnica	Eintrittskarte
prvi, prva, prvo	erster
vrsta	Reihe
deseti, deseta, deseto	zehnter
enaindvajseti/-a/-o	einundzwanzigster
boste	ihr werdet, Sie werden
gotovina	Bargeld
ali	oder

■ Dober dan. Jutri je menda koncert Vlada Kreslina.	Guten Tag. Morgen ist angeblich ein Konzert von Vlado Kreslin.
● Ja. Koncert bo jutri ob osmih v Cankarjevem domu.	Ja. Das Konzert wird morgen um acht im Cankar-Haus stattfinden.
■ Imate še vstopnice?	Haben Sie noch Eintrittskarten?
● Ja, so še.	Ja, es gibt sie noch.
■ Rad bi dve vstopnici.	Ich hätte gerne zwei Eintrittskarten.
● Imam dve v prvi vrsti levo, v deseti desno in v enaindvajseti.	Ich habe zwei in der ersten Reihe links, in der zehnten rechts und in der einundzwanzigsten.
■ Vzela bom dve v deseti vrsti.	Ich werde zwei in der zehnten Reihe nehmen.
● Boste plačali z gotovino ali s kartico?	Werden Sie mit Bargeld oder mit Karte bezahlen?
■ Z gotovino.	Bar.

Futur
Partizip + Futur von *biti*:
(jaz) ***bom*** (ich werde)
(ti) ***boš*** (du wirst)
(on/ona/ono) ***bo*** (er/sie/es wird)
(mi) ***bomo*** (wir werden)
(vi) ***boste*** (ihr werdet, Sie werden)
(oni) ***bojo*** (sie werden)
(midva) ***bova*** (wir zwei werden)
(vidva) ***bosta*** (ihr zwei werdet)
(onadva) ***bosta*** (die beiden werden)

Vzel/-a bo *dve vstopnici.*
(**Er/Sie wird** zwei Eintrittskarten **nehmen**.)
Höflichkeitsform:
*A **boste vzeli** dve vstopnici?*
(**Werden Sie** zwei Eintrittskarten **nehmen**?)

Ordnungszahlen
prvi/-a/-o (der/die/das erste)
drugi/-a/-o (der/die/das zweite)
tretji/-a/-e (der/die/das dritte)
četrti/-a/o (der/die/das vierte)
peti/-a/-o (der/die/das fünfte)
... und so weiter

Verdammt ähnlich!

večer	(Abend)
zvečer	(**am** Abend)
včeraj	(gestern)
*včeraj **zvečer***	(gestern Abend)
jutro	(Morgen)
zjutraj	(**am** Morgen)
jutri	(morgen)
*jutri **zjutraj***	(morgen früh)
danes	(heute)

*Plačam **z gotovino**.* (Ich zahle **mit Bargeld**. = Ich zahle **bar**.)

11 B

Übungen

Prvi, prva, prvo? Achten Sie auf die Übereinstimmung!
1. poljub (Kuss)
2. stanovanje (Wohnung)

1. Zum ersten Mal

70

***Prvi** poljub.*

1. poljub
2. sestanek
3. otrok
4. sodelavec
5. beseda
6. stanovanje
7. hotel
8. čokolada

Haben Sie den Dialog B genau durchgelesen und auch auf die Kleinigkeiten geachtet?

2. Wie war das noch?

1. Koncert bo
   a ☐ ob osmih.
   b ☐ ob osemnajstih.
2. Kupil bo
   a ☐ dve vstopnici.
   b ☐ dve vstopnice.
3. Vstopnici sta za
   a ☐ deseti vrsti.
   b ☐ deseto vrsto.
4. Plačal bo
   a ☐ z gotovino.
   b ☐ s gotovino.

Nach dieser kleinen Übersetzungsübung werden Sie ganz souverän Eintrittskarten kaufen können.

3. An der Konzertkasse

1. Heute Abend gibt es ein Konzert.
2. Haben Sie noch Karten?
3. Ich hätte gerne zwei in der dritte Reihe.
4. Es gibt nur noch Karten in der zehnten Reihe.
5. Ich werde dann zwei in der zehnten nehmen.

Bevor Sie zu früh oder zu spät zu Ihrem Termin kommen, üben Sie die Zeitangaben. Manchmal gibt es auch mehr Lösungen.

4. Wann?

večer – zvečer – zjutraj – jutri

1. A je že __________ ?
2. Kam bomo šli __________ ?
3. Kdaj si prišla? __________.
4. __________ bom doma.

Wohin werden die Protagonisten morgen gehen? Üben Sie das Futur und achten Sie auch auf die (m/f) Formen *bom šel* und *bom šla!*

5. Zukunftsmusik

71

*Jutri **bom šel na koncert**.*

1. jaz – koncert
2. direktor – gledališče
3. vi – kino
4. Petra – domov
5. tajnica – sestanek
6. Matej – kava

11

Kein Land der Generäle

Man sagt, Slowenien sei kein Land der Feldherren, sondern der Kultur, denn sehr viele Straßen des Landes tragen die Namen von Schriftstellern, Dichtern, Musikern ... Gerade in den Sommermonaten hat man kulturell die Qual der Wahl, denn das Angebot ist groß. Das *Slovensko narodno gledališče* (Slowenisches Nationaltheater) „SNG Drama" in Ljubljana zählt zur wichtigsten Bühne des Landes. Die *Filharmonija* (Philharmonie) bietet ein breites Spektrum an klassischen Konzerten. Und „Križanke" heißt eine beliebte Freiluftbühne für Konzerte und Veranstaltungen.
Neben den volkstümlichen „Originalen Oberkrainern", ursprünglich *Ansambel bratov Avsenik* (Ensemble der Brüder Avsenik), haben es auch andere Künstler geschafft, außerhalb der Landesgrenzen bekannt zu werden. Zum Beispiel die Band „Laibach", die sich aus einem Kunstkollektiv der 1980er Jahre entwickelte. Die Avantgarde-Techno-Postpunk-Formation wählte bewusst den zu jugoslawischen Zeiten unerwünschten deutschen Namen der Hauptstadt. Neben beliebten Popbands wie „Siddharta" gibt es auffallend viele interessante *kantavtorji* (Liedermacher, Songwriter), u. a. Zoran Predin, Katalena, Katarina Juvančič und Dejan Lapanja. Aber auch Jazz, v. a. das Jazzfestival in Cerkno, ist fester Bestandteil der slowenischen Musikszene. Klassische Interpreten, z. B. die Violinistin Anja Bukovec, die Mezzosopranistin Marjana Lipovšek oder der Tenor Janez Lotrič haben sich international ein Renommee erarbeitet. Der Todestag des Dichters France Prešeren (1800–1849) am 8. Februar wurde zum offiziellen Kultur-Feiertag erklärt, an dem es überall im Land diverse Kulturveranstaltungen gibt.

Vlado Kreslin gehört zu den alten Hasen in der slowenischen Musikszene. Er begann seine Karriere 1970 als Schlagzeuger, populär wurde er u. a. jedoch als Sänger, z. B. mit seinem Lied *Dan neskončnih sanj* (Tag der unendlichen Träume), mit dem er 1980 den Wettbewerb *Slovenska popevka* (Slowenischer Schlager) gewann. Ende der 1980er Jahre begann er sich intensiv mit Volksmusik auseinanderzusetzen und gründete mit einigen älteren Volksmusikern aus seinem nordöstlich gelegenen Geburtsort Beltinci die *Beltinška banda* (Beltinci-Bande), womit er in Slowenien eine Ethno-Musik-Welle auslöste. Seit nun mehr als 20 Jahren verbindet Vlado Kreslin mit der *Beltinška banda* und seiner Band *Mali bogovi* (Kleine Götter) gestern und heute sowie lokal und global.

12

Mit Nanny Lisa

Kinderbetreuung
Früher betreuten oft die Großmütter die Enkelkinder, heutzutage greifen die Eltern meist auf eine *varuška* (Kindermädchen) oder den *vrtec* (Kindergarten) zurück.
Dort ist der *vzgojitelj* (Erzieher) oder die *vzgojiteljica* (Erzieherin) für die Kinder verantwortlich, in der Schule die *učiteljica* (Lehrerin) oder der *učitelj* (Lehrer). Die Schule wird vom *ravnatelj* (Schuldirektor) oder der *ravnateljica* (Schuldirektorin) geleitet.

Lisas Cousine Tjaša lebt in Ljubljana und hat sie gebeten, heute auf ihre Kinder Aleš und Ana aufzupassen. Aleš geht schon in die *osnovna šola* (Grundschule), Ana ist noch im *vrtec* (Kindergarten). Lisa und die Kinder mögen sich und fröhlich planen sie den gemeinsamen Nachmittag.
Lisas Vorschlag – *a gremo na igrišče?* (gehen wir auf den Spielplatz?) – wird begeistert aufgenommen. Aleš würde gerne *na veliko igrišče v parku* (auf den großen Spielplatz im Park) gehen. Er weiß, dass Lisa ganz gut Fußball spielt: *Lisa, a lahko tam igramo nogomet?* (Lisa, können wir dort Fußball spielen?) Lisa lacht: *Če vzameš s sabo žogo, lahko* (Wenn du den Ball mitnimmst, können wir das machen). Die weiteren Wünsche von Aleš sind auch etwas für Ana: *Jaz bi šel tudi na gugalnico* (Ich würde auch auf die Schaukel gehen). Das wird sich machen lassen. *A gremo potem tudi na sladoled?* (Gehen wir dann auch auf ein Eis?), plant Aleš den krönenden Abschluss. Da muss Lisa schmunzeln – das hatte sie selber vor. Ironisch streng meint sie: *Če bosta pridna!* (Wenn ihr zwei brav sein werdet!) Auf dem Weg zum Spielplatz unterhält sich Lisa mit Aleš über seinen Vormittag. *Kako je bilo v šoli?* (Wie war es in der Schule?) Aleš entgegnet wenig begeistert: *Kar v redu* (Ganz in Ordnung). Er hat aber keine *šolska naloga* (Schularbeit) geschrieben, wie Lisa vermutet, sondern *učiteljica matematike je bila zoprna* (die Mathematiklehrerin war nervig). Tja, *matematika je pač dolgočasna!* (Mathematik ist eben langweilig!) *Kakšna je pa slovenščina?* (Und wie ist Slowenisch?), das war früher Lisas Lieblingsfach. *Še kar* (Geht so). *Najraje pa imam telovadbo* (Am liebsten habe ich aber Turnen), erklärt Aleš. Na dann bietet der Nachmittag ja genau das Richtige!

Veliko igrišče v parku

12 A

72

igrišče	Spielplatz
velik, velika, veliko	groß
park	Park
super!	super!
igramo	wir spielen
nogomet	Fußball
če	wenn, falls, ob
vzameš s sabo	du nimmst mit
žoga	Ball
gugalnica	Schaukel
se gugaš	du schaukelst
sladoled	Eis, Eiscreme
priden, pridna, pridno	brav

■ Aleš in Ana, a gremo na igrišče?	Aleš und Ana, gehen wir auf den Spielplatz?
● Jaaa! A gremo na veliko igrišče v parku?	Jaaa! Gehen wir auf den großen Spielplatz im Park?
■ Lahko.	Können wir machen.
● Super! Lisa, a lahko tam igramo nogomet?	Super! Lisa, können wir dort Fußball spielen?
■ Če vzameš s sabo žogo, lahko.	Wenn du den Ball mitnimmst, können wir [spielen].
● Jaz bi šel tudi na gugalnico.	Ich möchte auch auf die Schaukel gehen.
■ Seveda se lahko tudi gugaš.	Natürlich kannst du auch schaukeln.
● A gremo potem tudi na sladoled?	Gehen wir dann auch auf ein Eis?
■ Če bosta pridna!	Wenn ihr zwei brav sein werdet!

Verbeninfo
igrati, igram
(spielen, ich spiele)
gugati se, gugam se
(schaukeln, ich schaukle; wörtl.: sich schaukeln)
vzeti s sabo, vzamem s sabo
(mitnehmen, ich nehme mit; wörtl.: ich nehme mit sich mit)

otrok **(Kind)**

Nom.:	*otroci*	(die Kinder)
Gen.:	*otrok*	(der Kinder)
Dat.:	*otrokom*	(den Kindern)
Akk.:	*otroke*	(die Kinder)
Lok.:	*pri otro**cih***	(bei den Kindern)
Instr.:	*z otroki*	(mit den Kindern)

igrala **(Spielgeräte)**

gugalnica	(Schaukel)
peskovnik	(Sandkasten)
plezalo	(Klettergerüst)
tobogan	(Rutsche)
vrtiljak	(Karussell)

Aus groß wird klein

kangla	(Gießkanne) →
*kangl**ica***	(Gießkännchen)
lopata	(Schaufel) →
*lopat**ka***	(kleine Schaufel)
igrača	(Spielzeug) →
*igrač**ka***	(kleines Spielzeug)
igra	(Spiel) →
*igr**ica***	(kleines Spiel)
knjiga	(Buch) →
*knji**žica***	(Büchlein)

Spielzeit

Igram ...	(Ich spiele ...)
šah	(Schach)
hokej	(Hockey)
nogomet	(Fußball)
*odbojk**o***	(Volleyball)
rokomet	(Handball)
*košark**o***	(Basketball)
*računalnišk**o** igric**o***	(Computerspiel)

Afne guncati (Unfug treiben).

Übungen

Der Urlaubskoffer wird gepackt. Was muss mit?

1. Was nimmst du mit?

73

*S sabo bom vzel **žogo**.*

1. žoga
2. voda
3. torba
4. robčki
5. kuli
6. računalnik
7. slovar
8. mazilo
9. tablete
10. čokolada

Finden Sie die richtigen Antworten?

2. Was passt zusammen?

1.	Kje lahko igramo nogomet?	a ☐	Lahko.
2.	A se lahko gugam?	b ☐	V mesto.
3.	Kdaj bomo šli na igrala?	c ☐	Popoldne.
4.	Kam gremo na sladoled?	d ☐	Na igrišču.

Widmen Sie sich mindestens einmal pro Woche Ihrem Hobby, das entspannt!
4. *klavir* (Klavier)

3. Was machen Sie in Ihrer Freizeit?

*Igram **košarko**.*

1. košarka
2. računalniške igrice
3. nogomet
4. klavir
5. šah
6. odbojka

Beim weiblichen Substantiv die Endung *-ica* angehängt, und schon wird alles verniedlicht! Vergessen Sie dabei nicht die Kongruenz und den richtigen Fall!

4. Aus groß mach klein!

*Tam je moja **mamica**.*

1. Tam je moja mama.
2. A si za kavo?
3. Kje je moja torba?
4. Tukaj je tvoja hiša.
5. Kam je šla Eva?

Eine kleine Übersetzungsübung zum Thema Kinder. Achten Sie auch auf die Ausnahmen in der Pluraldeklination!
5. *pogovarjati se, pogovarjam se* (sich unterhalten, ich unterhalte mich)

5. Die lieben Kleinen

1. Otroci so pridni.
2. Otrok ni doma.
3. Otrokom je kupila sladoled.
4. Rada ima otroke.
5. Pogovarjamo se o otrocih.
6. Z otroki gremo na igrišče.

Kako je bilo v šoli?

74

šola	Schule
kar	recht, ganz
šolski, šolska, šolsko	Schul-
naloga	Aufgabe
učiteljica	Lehrerin
matematika	Mathematik
zoprn, zoprna, zoprno	nervig
zakaj?	warum?
pač	eben
dolgočasen, dolgočasna/-o	langweilig
najraje	am liebsten
telovadba	Turnen

■ Kako je bilo v šoli?	Wie war es in der Schule?
● Kar v redu.	Ganz in Ordnung.
■ A si pisal šolsko nalogo?	Hast du eine Schularbeit geschrieben?
● Ne, ampak učiteljica matematike je bila zoprna.	Nein, aber die Mathematiklehrerin war nervig.
■ Res? Zakaj?	Wirklich? Warum?
● Ker je matematika pač dolgočasna!	Weil Mathematik eben langweilig ist!
■ Kakšna je pa slovenščina?	Und wie ist Slowenisch?
● Še kar. Najraje pa imam telovadbo.	Geht so. Am liebsten aber habe ich Turnen.

Kakšen, kakšna kakšno?
(m) ***Kakšen*** *je* ***učitelj****?*
(**Wie** ist der Lehrer?)
Učitelj je simpatičen.
(Der Lehrer ist sympathisch.)
(f) ***Kakšna*** *je* ***učiteljica****?*
(**Wie** ist die Lehrerin?)
Učiteljica je zoprna.
(Die Lehrerin ist nervig.)
(n) ***Kakšno*** *je* ***igrišče****?*
(**Wie** ist der Spielplatz?)
Igrišče je staro.
(Der Spielplatz ist alt.)

Was hast du lieber?
rad/-a – rajši – najrajši
rad/-a – raje – najraje
(gern – lieber – am liebsten)

Schulfächer

slovenščina (Slowenisch)
nemščina (Deutsch)
matematika (Mathematik)
fizika (Physik)
kemija (Chemie)
biologija (Biologie)
zemljepis (Geografie)
zgodovina (Geschichte)
telovadba (Turnen)
likovna umetnost (bildende Kunst)
glasbena umetnost (musikalische Erziehung, *glasba* = Musik)

Das Adverb ***kar*** hat viele Bedeutungen:
kar *v redu* (**schon** in Ordnung)
kar *naenkrat* (**auf** einmal)
kar *hitro* (**recht** schnell)

Abneigung
zoprn/-a/-o (nervig)
neumen, neumna/-o (dumm)
tečen, tečna/-o (lästig)
neprijazen, neprijazna/-o (unfreundlich)

Kar se Janezek nauči, to Janez zna. (Was Hänschen lernt, das kann/weiß Hans.)

Übungen

Manchmal möchte man es doch ein wenig genauer wissen, und dafür ist *kakšen, kakšna/-o?* sehr hilfreich.

1. Wie?

75

***Kakšen** je **učitelj**?*

1. učitelj
2. belo vino
3. sladoled
4. knjiga
5. nemščina
6. igrišče
7. Slovenija
8. slovenski nogomet

Suchen Sie die passenden Antworten auf die Fragen! Mehrere Antworten sind möglich.

2. Warum nicht?

1. Zakaj ne greš v šolo?
2. Zakaj ne govoriš slovensko?
3. Zakaj ne delaš?
4. Zakaj ne bereš?

a ☐ Ker je vikend.
b ☐ Ker ne znam.
c ☐ Ker sem bolan.
d ☐ Ker igram računalniške igrice.

Auf Slowenisch sagt man es ein bisschen anders. Versuchen Sie die angegebenen Komposita zu übersetzen!
1. *počitinice* (Ferien)

3. Verschult

šolske počitinice

1. Schulferien
2. Schultasche
3. Schulbus
4. Schulzentrum
5. Schulstraße

Sie wollen Ihre Gefühle zum Ausdruck bringen? Versuchen Sie, die Antworten zu übersetzen!

4. Wie war's?

1. Ganz in Ordnung.
2. Gut!
3. Geht so.
4. Schlecht!
5. Ausgezeichnet!

Sie haben doch sicher auch schöne Erinnerungen an die Schule? Welche Fächer haben Ihnen am besten gefallen?

5. Lieblingsfächer

76

*Najraje sem imel **matematiko**.*

1. matematika
2. slovenščina
3. telovadba
4. fizika
5. zgodovina

Kinder in Slowenien

12

Slowenien ist kinderfreundlich und die Kinderbetreuung recht gut organisiert. Kinder kann man mit einem Jahr in die Kinderkrippe geben. Der Kindergarten ist jedoch nicht verpflichtend. Die *osnovna šola* (Grundschule) dauert neun Jahre. Danach können die Kinder ins Gymnasium oder in berufsbildende höhere Schulen wechseln. Die Versorgung der Kinder in den Schulen ist sehr gut. Fast alle Grundschulen haben einen Speisesaal sowie eine eigene Küche, sodass die Kinder in der Schule eine warme Mahlzeit erhalten. Für die Nachmittagsbetreuung ist in der Schule gesorgt. Eine Besonderheit ist der *dežurni* (Diensthabende). Ein Schüler übernimmt quasi die Funktion eines Portiers: Er notiert, wer kommt und geht. Je nach Größe der Schule kommen die Schüler ein- bis zweimal im Jahr an die Reihe. Achtung: Die Schulnoten sind in Slowenien „umgedreht": *petica* (Fünfer) ist die beste, *enica* (Einser) die schlechteste Note.

Mit Kindern in Slowenien unterwegs zu sein, ist kein Problem. Kinder sind überall willkommen! Mit dem Kinderwagen in öffentlichen Verkehrsmitteln ist es allerdings nicht immer ganz einfach. Wickeltische sind in vielen Lokalen zu finden. Wenn es einmal keinen geben sollte, fragen Sie den Kellner um Hilfe, und er wird sich sicher rasch um eine Lösung bemühen.

Slowenien bietet viele Attraktionen und Interessantes für Kinder: vom Baden in der Therme, in einem der Seen oder am Meer, bis zum Wandern oder der Besichtigung einer der vielen Burgen oder zahlreichen interessanten Museen. In einem Slowenien-Urlaub muss keine Langeweile aufkommen.

Süßes und Saures für Kinderohren

mišek, miška (m/f Mäuschen)
srček (Herzchen)
pacek, packa (m/f Schmutzfink)
Fuj! (Pfuj!)

Schimpfwörter

Šment! (Verdammt!)
Hudič! (Teufel!)
Tristo kosmatih medvedov! (Dreihundert haarige Bären!)
Koza! (Ziege!)
Osel! (Esel!)
Madona! (Madonna! = Himmel!)
Presneto! (Verflixt und zugenäht!)
Jebelacesta! (Ist eine weiße Straße!)
Sranje! (Scheiße!)
Deftigeres bezieht sich meist auf die Geschlechtsteile – besser nicht benutzen!
Štala! (chaotische, unangenehme Situation)

T Test 3

Jetzt wissen Sie schon einiges über Slowenien. Wenn Ihnen die Antwort nicht sofort einfällt, dann blättern Sie einfach ein paar Seiten zurück!

1. Welche Antwort stimmt?

1. Die slowenische Riviera ist ca. ... lang.
   a ☐ 64 km
   b ☐ 46 km
   c ☐ 460 km
2. Die *soline* bedeuten ...
   a ☐ Salz.
   b ☐ Salinen.
   c ☐ Salzstreuer.
3. Sloweniens Gesundheitssystem ...
   a ☐ ist gut ausgebaut.
   b ☐ funktioniert schlecht.
   c ☐ ist durchschnittlich.
4. Die *osnovna šola* (Grundschule) dauert ... Jahre.
   a ☐ vier
   b ☐ acht
   c ☐ neun
5. *Vlado Kreslin* ist ein bekannter ...
   a ☐ Singer-Songwriter.
   b ☐ Poet.
   c ☐ Schriftsteller.
6. Die Oberkrainer Musik ist bekannt durch die ...
   a ☐ Band Laibach.
   b ☐ Brüder Avsenik.
   c ☐ Band Siddharta.

So viele Fragen! Die Antworten zu finden, wird Ihnen sicherlich nicht schwerfallen.

2. Fragen und Antworten

1. Kje so kopalke?	a ☐ V gledališče.
2. Kaj vas boli?	b ☐ Dobro.
3. Imate vročino?	c ☐ Trebuh.
4. Kam greva zvečer?	d ☐ Simpatična.
5. Kakšna je učiteljica?	e ☐ V torbi.
6. Kako je bilo v šoli?	f ☐ Ne, nimam.

3. Was fehlt?

1. Greva ___ plažo.
   a ☐ v
   b ☐ na
   c ☐ za
2. Slabo ___ je.
   a ☐ mi
   b ☐ me
   c ☐ ne
3. Pij ___ veliko vode!
   a ☐ te
   b ☐ to
   c ☐ ti
4. ___ vem.
   a ☐ Na
   b ☐ A
   c ☐ Ne
5. Kje je moja ___?
   a ☐ torbica
   b ☐ torbice
   c ☐ torbico
6. Otro ___ so pridni.
   a ☐ ke
   b ☐ ki
   c ☐ ci

Wenn Ihnen am Strand schlecht wird und Sie nicht wissen, wo denn die Tasche geblieben ist, werden Sie froh sein, wenn wenigstens die Kinder brav sind. Und diese Übung hilft sowieso weiter.

4. Wie sagt man das auf Slowenisch?

1. Zwei Rückfahrkarten, bitte.
2. Endlich sind wir zwei in Koper.
3. Ich habe Kopfweh!
4. Nehmen Sie die Tablette!
5. Werden wir morgen Abend ausgehen?
6. Ich würde auf ein Konzert gehen.
7. Er wird zwei Eintrittskarten nehmen.

Mit dieser Übersetzungsübung wird Ihnen das sprachliche Überleben in Slowenien noch leichter fallen!

In der Buchhandlung

„Maček Muri" ist der bekannteste slowenische Kinderbuchklassiker. Der Autor Kajetan Kovič hat den Kater Muri und seine Freundin *Muca Maca* (Katze Maca) 1975 erfunden, und noch heute lieben die Kinder die beiden. Jerko Novak hat die Gedichte vertont, und durch die berühmte Chansonsängerin Neca Falk haben die Lieder Kultstatus erhalten.

Nach einigem Zögern hat Robert nun doch eine Buchhandlung betreten. *Rad bi bral knjigo v slovenščini* (Ich würde gerne ein Buch in Slowenisch lesen), wendet er sich an die Verkäuferin. Diese stutzt kurz, bemerkt dann aber schnell, dass sie es mit einem Slowenischlerner zu tun hat: *Kaj vas zanima?* (Was interessiert Sie?), tastet sie sich langsam vor. *Imate slovensko-nemško literaturo?* (Haben Sie slowenisch-deutsche Literatur?), fragt Robert. *Žal ne* (Leider nein), bedauert die Händlerin. Stattdessen schlägt sie vor: *Kaj pa otroško literaturo?* (Wie wäre es mit Kinderliteratur?) Und sie hat auch eine konkrete Empfehlung: *Otroci zelo radi berejo knjigo „Maček Muri"* (Die Kinder lesen sehr gerne das Buch „Maček Muri"). Und sie weiß: *V Avstriji ali Nemčiji dobite knjigo tudi v nemščini.* (In Österreich oder Deutschland bekommen Sie das Buch auch in Deutsch). Das überzeugt Robert. Er verabschiedet sich mit einem *Hvala za pomoč* (Danke für die Hilfe) und begibt sich zur Kasse. Zu Hause zeigt er Lisa gleich, was er erstanden hat: *Poglej!* (Schau!) *V knjigarni sem kupil otroško knjigo* (In der Buchhandlung habe ich ein Kinderbuch gekauft). Er fügt erklärend hinzu: *Klasična literatura je še pretežka* (Klassische Literatur ist noch zu schwer). Lisa kennt das Buch: *Hej! To knjigo imata Aleš in Ana in jo obožujeta* (Ha! Dieses Buch haben auch Aleš und Ana und sie finden es toll). Lisa hat auch einen *predlog* (Vorschlag) für zweisprachige Literatur: *Poglej v Trubarjev antikvariat na Mestnem trgu!* (Schau ins Trubar-Antiquariat am „Stadt Platz"!) Alternativ: *Na Koroškem imajo slovensko-nemške knjige* (In Kärnten haben sie slowenisch-deutsche Bücher). *Poglej na internet!* (Schau ins Internet)!

Kaj pa otroško literaturo?

13 A

77

bral, brala, bralo	gelesen
knjiga	Buch
zanima	er/sie/es interessiert
slovenski, slovenska, slovensko	slowenisch (Adjektiv)
nemški, nemška, nemško	deutsch (Adjektiv)
literatura	Literatur
otroški, otroška, otroško	Kinder-
berejo	sie lesen
Maček Muri	Kater Muri (Kinderbuch)
pomoč	Hilfe
ni za kaj	gern geschehen
Avstrija	Österreich
Nemčija	Deutschland

■ Želite, prosim?	Sie wünschen, bitte?
● Rad bi bral knjigo v slovenščini.	Ich würde gerne ein Buch in Slowenisch lesen.
■ Kaj pa vas zanima?	Was interessiert Sie?
● Imate slovensko-nemško literaturo?	Haben Sie slowenisch-deutsche Literatur?
■ Žal ne. Kaj pa otroško literaturo? Otroci zelo radi berejo knjigo „Maček Muri".	Leider nein. Wie wäre es mit Kinderliteratur? Die Kinder lesen sehr gerne das Buch „Maček Muri".
● Odlično!	Ausgezeichnet!
■ V Avstriji ali Nemčiji dobite knjigo tudi v nemščini.	In Österreich oder Deutschland bekommen Sie das Buch auch in Deutsch.
● Vzel jo bom. Hvala za pomoč.	Ich werde es nehmen. Danke für die Hilfe.
■ Ni za kaj.	Gern geschehen.

Verbeninfo
brati, berem
(lesen, ich lese)
Partizip: *bral/-a/-o*
zanimati, zanimam
(interessieren, ich interessiere)

Personalpronomen

Nominativ		Akkusativ	
jaz	(ich)	*me*	(mich)
ti	(du)	*te*	(dich)
on	(er)	*ga*	(ihn)
ona	(sie)	*jo*	(sie)
ono	(es)	*ga*	(es)
vi	(ihr, Sie)	*vas*	(euch, Sie)

Personalpronomen Dativ

mi	(mir)
ti	(dir)
mu	(ihm)
ji	(ihr)
mu	(ihm)
vam	(euch, Ihnen)

*slovensko-nemšk**a** literatura*
→ *Berem slovensko-nemšk**o** literaturo.* (Ich lese slow.-dt. Literatur.)

***knjiga* (Buch)**

knjigarna	(Buchhandlung)
knjižnica	(Bibliothek)
pisatelj	(Schriftsteller)
pisateljica	(Schriftstellerin)
bralec	(Leser)
bralka	(Leserin)
bralci	(Leser, Pl.)

klasična književnost
(klassische Literatur)
klasična literatura
(klassische Literatur)
sodobna literatura
(moderne Literatur)
otroška literatura
(Kinderliteratur)

13 A

Übungen

In der Freizeit möchte man oft so vieles machen. Was würden Sie gerne tun?
2. *televizija* (Fernsehen)
8. *slovnica* (Grammatik)

1. Ich würde gerne ...

78

*Rad/-a bi **bral/-a slovensko knjigo**.*

1. brati – slovenska knjiga
2. gledati – televizija
3. govoriti – slovensko
4. iti – na kavo
5. kupiti – nov avto
6. imeti – sončna očala
7. igrati – šah
8. razumeti – slovnica

Die Personalpronomen sind hier entscheidend! Achten Sie auf das Geschlecht des Substantivs!
1. *časopis* (Zeitung)

2. Wie lautet die passende Antwort?

1. Rad berem časopis.
   a ☐ Berem jo zvečer.
   b ☐ Berem ga zvečer.
2. Imam star računalnik.
   a ☐ Dam ti ga.
   b ☐ Dam ti jo.
3. Zvečer gledam televizijo.
   a ☐ Gledam te zvečer.
   b ☐ Gledam jo zvečer.
4. Sem na igrišču.
   a ☐ A me vidiš?
   b ☐ A ti vidiš?

Bei so viel Lesehunger sind Sie bald reif für Sloweniens Nationaldichter France Prešeren.

3. Leseabend

1. Ich habe heute ein Buch gekauft.
2. Ich lese gerne klassische Literatur.
3. Aber ich lese immer am Abend.
4. Ich lese das Buch auf Slowenisch.

Eine kleine Übung zu den Personalpronomen im Dativ.

4. Was gehört zusammen?

1. Telefoniral je mami.
2. Kaj mi boš dala?
3. Petru sem kupila srajco.
4. Preveč sem jedla.

a ☐ Slabo mi je.
b ☐ Telefoniral ji je.
c ☐ Dala ti bom čokolado.
d ☐ Kaj si mu kupila?

Ihre literarischischen Vorlieben scheinen ja recht breitgestreut. Was Sie alles gerne lesen!
4. *stripi* (Comics)

5. Was liest du gerne?

*Rad berem **sodobno literaturo**.*

1. sodobna literatura
2. otroška literatura
3. klasična literatura
4. stripi
5. časopis
6. slovenska literatura
7. nemška literatura

Poglej v antikvariat!

13 B

79

poglej!	schau!
knjigarna	Buchhandlung
obožujeta	sie/beide finden toll
bi našel	würde finden
antikvariat	Antiquariat
mestni, mestna, mestno	Stadt-
trg	Platz
predlog	Vorschlag
na Koroškem	in Kärnten

■ Lisa, poglej! V knjigarni sem kupil otroško knjigo.	Lisa, schau! In der Buchhandlung habe ich ein Kinderbuch gekauft.
● Otroško knjigo?	Ein Kinderbuch?
■ Klasična književnost mi je še pretežka.	Klassische Literatur ist mir noch zu schwer.
● Hej! To knjigo imata Aleš in Ana in jo obožujeta.	Ha! Dieses Buch haben auch Aleš und Ana und sie finden es toll.
■ Kje bi lahko našel slovensko-nemško literaturo?	Wo könnte ich slowenisch-deutsche Literatur finden?
● Poglej v Trubarjev antikvariat na Mestnem trgu!	Schau in das Trubar-Antiquariat am „Stadt-Platz"!
■ Dober predlog!	Ein guter Vorschlag!
● Na Koroškem imajo slovensko-nemške knjige. Poglej na internet!	In Kärnten haben sie slowenisch-deutsche Bücher. Schau ins Internet!
■ Bom.	Werde ich (machen).

Verbeninfo
oboževati, obožujem
(toll finden, ich finde toll)
najti, najdem
(finden, ich finde)
Partizip: *našel, našla, našlo*

težek/-a/-o
(schwierig, schwer)
pretežek, pretežka/-o
(zu schwierig, zu schwer)

na internetu **(im Internet)**
Na internetu piše*, da je knjiga Maček Muri izšla tudi v nemščini.* (**Im Internet steht** [geschrieben], dass das Buch *Maček Muri* auch auf Deutsch erschienen ist.)
Poglej na internet*, ali je knjiga izšla tudi v nemščini.* (**Schau ins Internet**, ob das Buch auch auf Deutsch erschienen ist.)

13 B

Übungen

Schau mal dahin, schau mal dorthin! Aber nur mit der passenden Präposition und Akkusativ.
6. *slovar* (Wörterbuch)
8. *tabla* (Tafel)

80

1. Schau mal!

*Poglej **na internet**!*

1. internet
2. televizija
3. knijgarna
4. torba
5. soba
6. slovar
7. koledar
8. tabla

Sie wissen ja: *najti* gehört zu den unregelmäßigen Verben und verlangt den Akkusativ!

2. Schon gefunden?

1. Našel sem
   a ☐ knjiga.
   b ☐ knjigo.
2. Našla je
   a ☐ torbo.
   b ☐ torba.
3. Našla je
   a ☐ kravato.
   b ☐ kravata.
4. Peter je našel
   a ☐ svinčnik.
   b ☐ svinčnika.

Das Stöbern in Antiquariaten ist eine Freude für jede Leseratte.

3. Auf ins Antiquariat!

1. Ich war im Antiquariat.
2. Ich habe ein slowenisches Buch gekauft.
3. Das Buch war günstig.
5. Ich habe auch ein Buch in Englisch gekauft.

Jeder liest gerne etwas anderes.
c) *pravljice* (Märchen)

4. Wer liest was?

1. Robert bere
2. Aleš in Ana obožujeta
3. Lisa bere
4. David bere knjigo

a ☐ sodobno literaturo.
b ☐ otroško knjigo.
c ☐ pravljice.
d ☐ v angleščini.

Die slowenischen Kinder lieben den Kinderbuchklassiker Maček Muri. Wofür begeistern sich die anderen Personen?
Sie sollten sich hier vor allem für den Akkusativ begeistern.
1. *klasična glasba* (klassische Musik)

5. Hin und weg

Obožujem klasično glasbo.

1. jaz – oboževati – klasična glasba
2. ti – oboževati – nogomet?
3. Ana – oboževati – sodobna glasba
4. midva – oboževati – klasična literatura
5. vidva – oboževati – francoski sir?
6. Peter in Petra – oboževati – gledališče
7. mi – oboževati – slovenko vino

Ein Volk, das Bücher liebt

13

Slowenien zeichnet sich durch eine hohe Buchkultur aus. Die Bücher sind zwar im Verhältnis zu den Veröffentlichungen deutschsprachiger Verlage relativ teuer, die Auflagen sind allerdings auch viel kleiner. Der slowenische Buchmarkt zählt zu den kleinsten im europäischen Raum. Die Slowenen lesen viel und geben ihr Geld gerne für Bücher aus.
Gefördert wird die Liebe zu den Büchern von klein auf. Der Verein *Bralna značka* (Leseabzeichen) verleiht seit 1961 Abzeichen für Vielleser. Es soll – in Zusammenarbeit mit den Schulen, Lehrern und dem Lehrplan für Slowenisch – das freiwillige Lesen in der Freizeit anregen und unterstützen. Auch Kinder von Auswanderern und der slowenischen Volksgruppen in den Grenzregionen nehmen an den Aktionen des Vereins teil.
Da slowenische Bücher relativ teuer sind, nutzt man gerne Bibliotheken, die in fast jedem Ort zu finden sind. Die größte Bibliothek ist die *Narodna in univerzitetna knjižnica* (National- und Universitätsbibliothek) in Ljubljana. Das sehenswerte Gebäude ist 1936 bis 1941 nach den Plänen des berühmten slowenischen Architekten Jože Plečnik errichtet worden.
Slowenische Literatur ist durchaus auf Deutsch erhältlich. Zum Beispiel mehrere Werke des 1948 in Maribor geborenen Autors Drago Jančar, der als Sloweniens meistübersetzter zeitgenössischer Schriftsteller gilt. Klassische slowenische Literatur, wie z. B. von Ivan Cankar, aber auch Arbeiten der jüngeren Generation sind ins Deutsche übersetzt worden.

Slowenische Autoren im Ausland
Slowenische Literatur ist auch in den Nachbarstaaten zu finden. Hier einige namhafte Vertreter:
Boris Pahor (*1913)
Miroslav Košuta (*1936)
Maja Haderlap (*1961)
Florjan Lipuš (*1937)

14 Der Berg ruft!

Die ***burja*** (Bora) ist ein kalter Fallwind zwischen Triest und der kroatischen sowie montenegrinischen Adriaküste und kann bis zu 200 km/h erreichen. In Slowenien weht die Bora vor allem in der Region *Primorska* (Küstenland). Immer wieder müssen bei Sturm die Straßen für Lkw gesperrt werden, um Unfälle zu vermeiden. An durchschnittlich 42 Tagen im Jahr pfeift den Slowenen dort der Wind um die Ohren. An der Küste ist der Wind ein wenig milder.

Velika planina (Große Alm) In der Nähe von Kamnik auf 1400 bis 1700 m liegt die *Velika planina*, eine große Alm, die im Sommer noch von Sennern bewirtschaftet wird und im Sommer wie im Winter ein beliebter Ausflugsberg ist.

Kakšno bo jutri vreme? (Wie wird das Wetter morgen sein?), erkundigt sich Robert bei Lisa, denn die beiden planen eine kleine Wanderung. Lisa hat bereits den Wetterbericht gehört: *Napovedali so sončno vreme* (Sie haben sonniges Wetter vorhergesagt). *Torej bomo imeli lepo vreme za izlet v hribe* (Also werden wir schönes Wetter für den Ausflug in die Berge haben). Lisa nickt. *Samo da ne bo deževalo!* (Dass es nur nicht regnet!), hofft Robert. *Ne, deževalo ne bo* (Nein, es wird nicht regnen), zumindest tagsüber, *ampak zvečer bodo nevihte* (aber am Abend wird es Gewitter geben). *Ah, zvečer bomo že doma* (Ach, am Abend werden wir schon wieder zu Hause sein), winkt Robert erleichtert ab.
Am nächsten Tag begleitet strahlender Sonnenschein die beiden Wanderer. *Kako lepo je tu na Veliki planini!* (Wie schön es hier auf der Großen Alm ist!) *Ja, a ne?* (Ja, nicht wahr?) Während sie ein wenig rasten, fragt Robert Lisa über die slowenischen Berge aus. *Katera gora je najvišja gora Slovenije?* (Welcher Berg ist der höchste Berg Sloweniens?) Das weiß jeder Slowene und jede Slowenin: *Triglav. Visok je dva tisoč osemsto štiriinšestdeset metrov* (Der Triglav. Er ist 2864 Meter hoch). *In katera gora je druga najvišja gora v Sloveniji?* (Und welcher Berg ist der zweithöchste Berg in Slowenien?) Lisa überlegt kurz: *Škrlatica je približno sto metrov nižja* (Die Škrlatica ist ungefähr 100 Meter niedriger). *A rada hodiš v hribe?* (Gehst du gerne in die Berge?), fragt Robert weiter und erhält eine augenzwinkernde Antwort: *Ja, če me na vrhu čakata planinska koča in dobra malica* (Ja, wenn mich am Gipfel eine Almhütte und ein guter Imbiss erwarten).

Kakšno bo jutri vreme?

14 A

82

vreme	Wetter
napovedali so	sie haben vorhergesagt
torej	also
izlet	Ausflug
hrib	Berg
samo	nur
vetrovno	windig
bo deževalo	es wird regnen
nevihta	Gewitter

■ Kakšno bo jutri vreme? — Wie wird das Wetter morgen sein?

● Napovedali so sončno vreme. — Sie haben sonniges Wetter vorhergesagt.

■ Torej bomo imeli lepo vreme za izlet v hribe. — Also werden wir schönes Wetter für den Ausflug in die Berge haben.

● Ja, samo malo vetrovno bo. — Ja, es wird nur ein wenig windig sein.

■ Samo da ne bo deževalo! — Dass es nur nicht regnet!

● Ne, deževalo ne bo, ampak zvečer bodo nevihte. — Nein, regnen wird es nicht, aber am Abend wird es Gewitter geben.

■ Ah, zvečer bomo že doma. — Ach, am Abend werden wir schon zu Hause sein.

Verbeninfo
napovedati, napovem (ankündigen, ich kündige an)
deževati, dežuje (regnen, es regnet)

Kakšno je danes vreme? 81
(Wie ist heute das Wetter?)
vremenska napoved (Wettervorhersage)
jasno (klar)
sončno (sonnig)
delno oblačno (teilweise bewölkt)
oblačno (bewölkt)
deževno (regnerisch)
megleno (neblig)
vetrovno (windig)
soparno (schwül)
vroče (heiß)
toplo (warm)
hladno (kühl)
mrzlo (kalt)

sonce (Sonne)
veter (Wind)
dež (Regen)
sneg (Schnee)
led (Eis)
nevihta (Gewitter)

Vorausschauend
Präsens kann auch Futur ausdrücken, v. a. mit Zeitangaben:
Jutri gremo *na izlet.* (**Morgen gehen wir** auf einen Ausflug.)
Ansonsten mit Futurformen:
Samo da ne ***bo deževalo****.*
(Dass es nur nicht **regnen wird**. = Nur dass es nicht **regnet**.)

Wetterbeschreibungen
Dežuje. (Es regnet.)
Deževalo bo.
(Es wird regnen.)
Deževno je.
(Es ist regnerisch.)

Übungen

1. Wettervorhersage

83

Hören Sie zu, sprechen Sie nach und lassen Sie die Wetterformationen vor Ihrem inneren Auge auf- und abziehen!

*Jutri bo **sončno**.*

1. sončno
2. oblačno
3. megleno
4. deževno
5. vetrovno
6. soparno
7. vroče
8. mrzlo
9. hladno
10. toplo

2. Kleine Wörtchen, große Wirkung

So kurze Wörtchen – und machen doch einen so großen Unterschied.
4. *upamo* (wir hoffen)

1. Jutri gremo ____ izlet. a ☐ na b ☐ v
2. Sončno ____ a ☐ bo. b ☐ je.
3. Zvečer bomo ____ doma a ☐ še b ☐ že
4. Upamo, ____ bo lepo. a ☐ da b ☐ ker

3. Einfach nur schön

Setzen Sie bei dieser Übung die rosa Brille auf! Vergessen Sie vor lauter Schönheit nicht, auf die Übereinstimmung des Adjektivs mit dem Substantiv zu achten!

*Prijateljica je **lepa**.*

1. prijateljica
2. vreme
3. Maribor
4. mesto
5. avto

4. Der Berg ruft

Der Wetterfrosch verspricht schönes Wetter, und einem Ausflug steht nichts im Wege. Teilen Sie Ihre Pläne auf Slowenisch mit!

1. Morgen wird es sonnig und warm sein.
2. Am Abend wird es Gewitter geben.
3. Aber wir beide machen einen Ausflug.
4. Wir gehen in die Berge.

5. Wie ist das Wetter?

84

Ein wahres Aprilwetter! Mal *sončno*, mal *deževno*. Und wie wird das Wetter heute?
2. *pihati, piham* (blasen, ich blase) *Veter piha.* (Der Wind weht.) 4. *Sonce sije.* (Die Sonne scheint.)

Dežuje.

1. Deževalo bo.
2. Pihalo bo.
3. Snežilo bo.
4. Sonce bo sijalo.
5. Pooblačilo se bo.

A si že bila na Triglavu?

85

planina	Alm
gora	Berg
najvišji, najvišja, najvišje	höchster
visok, visoka, visoko	hoch
dva tisoč	zweitausend
meter	Meter
nižji, nižja, nižje	niedriger
hodim	ich gehe
na vrhu	am Gipfel
čaka	er/sie/es wartet
planinska koča	Almhütte
malica	Jause

■ Kako lepo je tu na Veliki planini!	Wie schön ist es hier auf der „Großen Alm"!
● Ja, a ne?	Ja, nicht wahr?
■ Katera gora je najvišja gora Slovenije?	Welcher Berg ist der höchste Berg Sloweniens?
● Triglav. Visok je dva tisoč osemsto štiriinšestdeset metrov.	Der Triglav. Er ist 2864 Meter hoch.
■ Si že bila na Triglavu?	Warst du schon auf dem Triglav?
● Žal še ne.	Leider noch nicht.
■ In katera gora je druga najvišja gora v Sloveniji?	Und welcher Berg ist der zweithöchste Berg in Slowenien?
● Škrlatica je približno sto metrov nižja.	Die Škrlatica ist ungefähr 100 Meter niedriger.
■ A rada hodiš v hribe?	Gehst du gerne in die Berge?
● Ja, če me na vrhu čakata planinska koča in dobra malica.	Ja, wenn mich am Gipfel eine Almhütte und eine gute Jause erwarten.

Verbeninfo
strinjati se, strinjam se
(zustimmen, ich stimme zu)
hoditi, hodim
(gehen, ich gehe)
čakati, čakam
(warten, ich warte)
meriti, merim
(messen, ich messe)

Zweimal gehen
1. *iti*: zielgerichtet, abgeschlossen, einmalig:
Grem v šolo. (Ich gehe in die Schule.) z. B. zu einem Elternabend
2. *hoditi*: nicht zielgerichtet, sich wiederholend, regelmäßig:
Hodim v šolo. (Ich gehe in die Schule.) z. B. als Schüler

Steigerung
hoch:
*visok višji **naj**višji*
niedrig:
*nizek nižji **naj**nižji*
groß:
*velik večji **naj**večji*
klein:
*majhen manjši **naj**manjši*

Tausender
1000 *tisoč*
1001 *tisoč ena*
1100 *tisoč sto*
2000 ***dva** tisoč*
3000 *tri tisoč ...*

Ein „richtiger" Slowene muss einmal im Leben auf dem Triglav gewesen sein! Sagt man.

14 B

Übungen

Einige interessante slowenische Zweitausender für tolle Touren – mit der entsprechenden Bergausrüstung. Achtung: Einige Berge sind weiblich!

1. Wie hoch sind die Berge?

86

***Triglav** je **visok dva tisoč osemsto štiriinšestdeset metrov**.*

1. Triglav – 2864
2. Škrlatica – 2740
3. Mangart – 2677
4. Jalovec – 2645
5. Razor – 2602
6. Skuta – 2532

Üben Sie hier die Superlative – dann können Sie mit Ihrem Slowenisch extremst angeben!

2. Ein bisschen angeben

***Najvišja** gora.*

1. visok – gora
2. veliko – jezero
3. majhen – otrok
4. nizek – cena

Größer, kleiner, niedriger, höher – vergleichen Sie mal die Berge und Städte!

3. Zum Vergleich

*Triglav je **višji** kot Škrlatica.*

1. Triglav je – visok – kot Škrlatica.
2. Škrlatica je – nizek – kot Triglav.
3. Ljubljana je – velik – kot Maribor.
4. Maribor je – majhen – kot Ljubljana.
5. Dunaj je – velik – kot Maribor.
6. Ljubljana je – majhen – kot Berlin.

Nun prüfen wir mal Ihre Lesekompetenz und Ihr Textverständnis. Beantworten Sie die Fragen zu Dialog B!

4. Wissen Sie noch?

1. Kje sta Robert in Lisa?
2. Katera gora je najvišja gora Slovenije?
3. Koliko metrov meri Triglav?
4. Kdo še ni bil na Triglavu?
5. Ali je Škrlatica nižja kot Triglav?
6. Kaj rada je Lisa v planinski koči?

Wenn Sie in die Berge gehen, hilft Ihnen eine gute Wanderkarte. Bei *hoditi* helfen Ihnen nur Ihre guten Konjugationskenntnisse.

5. Geht's gut?

*A rada hodi**š** v šolo?*

1. A rada hodi___ v šolo? (ti)
2. A radi hodi___ v hribe? (vi)
3. A rad hodi____ v službo? (ti)
4. A Lisa rada hod___ na izlete?

Alpinismus

14

Der *Triglav* (Dreikopf) liegt in den Julischen Alpen und ist mit 2864 m der höchste Berg Sloweniens. Nach ihm ist auch der einzige Nationalpark Sloweniens benannt, der *Triglavski narodni park* (Nationalpark Triglav). Woher der Berg seinen Namen hat, ist nicht bekannt. Manche berufen sich auf die Legende der alten slawischen dreiköpfigen Gottheit, die mit ihren drei Köpfen Himmel, Erde und Unterwelt beherrscht hat. Andere meinen, der Name käme von der Form des Berges. Bereits 1777 versuchte man erstmals, den Triglav zu erklimmen. Gelungen ist dies aber erst ein Jahr später. Der Pfarrer Jakob Aljaž baute 1895 auf dem Triglav den bekannten *Aljažev stolp* (Aljaž-Turm), der zu einem markanten Symbol wurde.

Eine Berühmtheit der Julischen Alpen ist der Jurist und leidenschaftliche Bergsteiger und Botaniker Julius Kugy (1858–1944). Zu Ehren des Erschließers der Julischen Alpen errichtete der slowenische Alpenverein 1953 anlässlich seines sechzigjährigen Bestehens im Triglav-Nationalpark ein Denkmal. Julius Kugy gilt heute als Leitfigur für den Alpe-Adria-Gedanken und als Vorbild für grenzüberschreitende Zusammenarbeit.

Diverse Sommersportarten in der Bergregion von Wandern über Klettern und Mountainbiken sind bei den Slowenen sehr beliebt. Wanderführer in Buchform aber auch in natura bekommen Sie beim *Slovensko planinsko društvo* (Slowenischen Alpenverein). Auf der Velika planina werden diverse Aktivitäten für Groß und Klein angeboten.

Die berühmteste Figur aus den Bergen ist die des armen Bergbauernsohns Kekec, den der Schriftsteller Josip Vandot erfand. In der Nähe von Kranjska Gora gibt es das *Kekčeva dežela* (Kekec-Land), wo die Kinder auf den Spuren der Kinderbuchgeschichten wandeln können.

Der bei Kanufahrern beliebte Fluss ***Soča***, in Italien *Isonzo* genannt, war im Ersten Weltkrieg angeblich von Blut rot gefärbt. In Kobarid thematisiert das Museum die so genannten Isonzo-Schlachten zwischen Italien und Österreich-Ungarn, auf dessen Seite auch die Slowenen kämpfen mussten. Auf den *poti miru* (Friedenswegen) können Sie entlang der alten Gräben, Kavernen und Stellungen wandern.

Bergvokabular

gora (Berg)
hrib (Hügel)
pot (Weg)
jezero (See)
planinska koča (Almhütte)
planinec (Wanderer)
planinka (Wanderin)
gojzarji (Bergschuhe)
nahrbtnik (Rucksack)
zemljevid (Landkarte)
markacija (Markierung)
klop (Bank, Zecke)
planika (Edelweiß)
encijan (Enzian)

15

Abraham

Abraham steht für den 50. Geburtstag. *Srečati/videti abrahama* (Abraham treffen/sehen) bedeutet, dass jemand bald 50 Jahre alt wird.

Sie wollen **„Happy Birthday to You"** auf Slowenisch singen? Hier ist der Text dazu: *Vse najboljše za te, vse najboljše za te, vse najboljše dragi/-a ..., vse najboljše za te!*

sorodniki	**(Verwandte)**
dedek	(Großvater)
babica	(Großmutter)
starši	(Eltern)
ata, oče	(Vater)
mama, mati	(Mutter)
sin	(Sohn)
hčerka	(Tochter)
stric	(Onkel)
teta	(Tante)
brat	(Bruder)
sestra	(Schwester)
bratranec	(Cousin)
sestrična	(Cousine)
nečak	(Neffe)
nečakinja	(Nichte)
vnuk	(Enkel)
vnukinja	(Enkelin)

Lisa schaltet das Handy aus und verkündet fröhlich: *Stric Feri nas je v soboto povabil na zabavo* (Onkel Feri hat uns am Samstag zu einer Feier eingeladen). *Zakaj?* (Warum?), wundert sich Robert. *Feri praznuje abrahama* (Feri feiert den Abraham). Als Robert ein wenig verständnislos schaut, erklärt sie: *To je petdeseti rojstni dan* (Das ist der 50. Geburtstag). Ach so! *Bo imel veliko zabavo?* (Wird er eine große Feier haben?), fragt Robert. *Pol Prekmurja bo tam!* (Das halbe Prekmurje wird dort sein!), tönt Lisa, um dann aber gleich einzuschränken: *No, šalim se* (Naja, ich scherze). Wobei, wenn alle eingeladenen *sorodniki, prijatelji in sodelavci* (Verwandte, Freunde und Mitarbeiter) tatsächlich kommen, wird das schon ein größerer Auflauf. Robert hat schnell eine Geschenkidee: *Kaj če ga povabiva na Dunaj za konec tedna?* (Was, wenn wir ihn für ein Wochenende nach Wien einladen?) Lisa findet den Vorschlag toll: *Odlično darilo!* (Ein ausgezeichnetes Geschenk!)
Unter den vielen Gästen fühlt sich Robert anfangs ein wenig verloren: *Kdo je to zraven Ferija?* (Wer ist das neben Feri?) *To je njegov brat Marjan* (Das ist sein Bruder Marjan), klärt ihn Lisa auf. *Kdo je pa tam na levi?* (Und wer ist das dort links?) *To so njegovi starši, mama Ana in oče Ciril* (Das sind seine Eltern, die Mutter Ana und der Vater Ciril). Da sieht Robert endlich einige bekannte Gesichter: *Na koncu mize so Ferijevi otroci, a ne?* (Am Ende des Tisches sitzen Feris Kinder, nicht wahr?) Lisa reckt den Kopf: *Aja, tam je še Tjaša* (Ach ja, dort ist noch Tjaša). In diesem Moment erhebt Tante Vera ihr Glas und Stille kehrt ein: *Vse najboljše za rojstni dan, dragi Feri!* (Alles Gute zum Geburtstag, lieber Feri!)

Feri praznuje abrahama

15 A

88

stric	Onkel
v soboto	am Samstag
je povabil	er hat eingeladen
zabava	Feier
praznuje	er/sie/es feiert
abraham	Abraham (ugs. Name für den 50. Geburtstag)
rojstni dan	Geburtstag
šalim se	ich scherze
sorodniki	Verwandte
prijatelji	Freunde
konec tedna	Wochenende
darilo	Geschenk

■ Stric Feri nas je v soboto povabil na zabavo.	Onkel Feri hat uns am Samstag zu einer Feier eingeladen.
● Zakaj?	Warum?
■ Feri praznuje abrahama.	Feri feiert den Abraham.
● Abrahama?!?	Den Abraham?!?
■ To je petdeseti rojstni dan.	Das ist der 50. Geburtstag.
● Bo imel veliko zabavo?	Wird er eine große Feier haben?
■ Pol Prekmurja bo tam! No, šalim se. Povabil je svoje sorodnike, prijatelje in sodelavce.	Das halbe Prekmurje wird dort sein! Naja, ich scherze. Er hat seine Verwandten, Freunde und Mitarbeiter eingeladen.
● Kaj če ga povabiva na Dunaj za konec tedna?	Was, wenn wir ihn nach Wien für ein Wochenende einladen?
■ Odlično darilo!	Ein ausgezeichnetes Geschenk!

Verbeninfo
praznovati, praznujem
(feiern, ich feiere)
šaliti se, šalim se
(scherzen, ich scherze)
povabiti, povabim
(einladen, ich lade ein)

dnevi v tednu
(Wochentage) 87

ponedeljek	(Montag)
torek	(Dienstag)
*sred**a***	(Mittwoch)
četrtek	(Donnerstag)
petek	(Freitag)
*sobot**a***	(Samstag)
*nedelj**a***	(Sonntag)

v ponedeljek	(am Montag)
v torek	(am Dienstag)
*v sred**o***	(am Mittwoch)
v četrtek	(am Donnerstag)
v petek	(am Freitag)
*v sobot**o***	(am Samstag)
*v nedelj**o***	(am Sonntag)

***čigav/-a/-o?* (wessen?)**
***Čigav rojstni dan** praznujejo?*
(**Wessen Geburtstag** feiern sie?)
***Čigava** je **ideja**?*
(**Wessen Idee** ist es?)
***Čigavo** je **darilo**?*
(**Wessen Geschenk** ist es?)

Wem gehört's? – Possessivpronomen

moj/-a/-e	(mein)
tvoj/-a/-e	(dein)
njen/-a/-o	(ihr)
njegov/-a/-o	(sein)
vaš/ -a/ -e	(Ihr)
reflexiv:	
svoj/-a/-e	(sein eigener)

Übungen

An jedem Wochentag ist etwas geboten. Machen Sie es mit Freude!

1. Wochenplan

89

***V ponedeljek** grem k Petru.*

1. ponedeljek: grem k Petru
2. torek: imam sestanek
3. sreda: grem v gledališče
4. četrtek: grem na večerjo
5. petek: moram v knjižnico
6. sobota: grem na izlet v Prekmurje
7. nedelja: berem knjigo

Lesen Sie noch einmal den Dialog A und dann werden Sie die Übung im Nu lösen.

2. Was passt zusammen?

1. Feri ___ na zabavo.	a ☐ je povabil	b ☐ je povabila
2. Praznoval ___ abrahama.	a ☐ boš	b ☐ bo
3. ___ veliko zabavo.	a ☐ Imel bo	b ☐ Imela bo
4. Za darilo ___ izlet na Dunaj.	a ☐ bo dobil	b ☐ dobil bo

Können Sie uns sagen, welches Familienmitglied den wievielten Geburtstag feiert?

3. Die nächsten Geburtstage

90

***Moj oče** praznuje **šestdeseti** rojstni dan.*

1. oče – 60
2. mama – 58
3. sestra – 37
4. sin – 1
5. hčerka – 5

Sie machen tolle Fortschritte! Diese kleine Übersetzungsübung wird Ihnen daher nicht schwerfallen.

4. Kleine Geburtstagsfeier

1. Am Mittwoch haben wir eine Feier.
2. Ein Mitarbeiter feiert den 45. Geburtstag.
3. Um halb eins werden wir feiern.
4. Wir haben ein schönes Geschenk gekauft.
5. Er bekommt eine neue Tasche.

Auch die Possessivpronomen wollen geübt sein! Keine große Aufgabe, oder?

5. Mein, dein, unser?

***Njena** hiša je že stara.*

1. (ona) hiša je že stara.
2. (on) kuli je nov.
3. (jaz) stric je iz Nemčije.
4. A je (vi) rojstni dan v petek?
5. (ti) darilo je odlično.

To so njegovi starši

15 B

91

kdo?	wer?
zraven	neben
njegov, njegova, njegovo	sein
brat	Bruder
starši	Eltern
mama	Mutter
oče	Vater
na koncu	am Ende
miza	Tisch
vidim	ich sehe

■ Kdo je to zraven Ferija?	Wer ist das neben Feri?
● To je njegov brat Marjan.	Das ist sein Bruder Marjan.
■ Kdo je pa tam na levi?	Und wer ist das dort links?
● To so njegovi starši, mama Ana in oče Ciril.	Das sind seine Eltern, die Mutter Ana und der Vater Ciril.
■ Na koncu mize so Ferijevi otroci, kaj ne?	Am Ende des Tisches sitzen Feris Kinder, nicht wahr?
● Vidim samo Marjano in Uroša. Aja, tam je še Tjaša.	Ich sehe nur Marjana und Uroš. Ach ja, dort ist noch Tjaša.

Verbeninfo
videti, vidim (sehen, ich sehe)

Possessivadjektiv
(m) das Suffix ***-ov/-ev*** wird an das Substantiv im Sg. angehängt:
*Rok**ov** recept* (Rok**s** Rezept)
*Rok**ova** mama* (Rok**s** Mutter)
*Rok**ovo** darilo* (Rok**s** Geschenk)
(f) das Suffix ***-in*** ersetzt die Endung *-a* (Sg.):
*Lis**in** recept* (Lisa**s** Rezept)
*Lis**ina** mama* (Lisa**s** Mutter)
*Lis**ino** darilo* (Lisa**s** Geschenk)

***Pozor!* (Achtung!)**
1. Das Suffix ***-ev*** folgt, wenn der Stamm auf *c, č, š, ž, j* endet:
*Aleš**ev** stric* (Aleš' Onkel)
*Ferij**eva** zabava* (Feri**s** Feier)
2. Lautverschiebung bei Stammendung *-c*:
*stric → stri**čeva** zabava* (Onkel**s** Feier)

belebt – unbelebt (m)
1. Bei belebten (m) Substantiven ist der Akk. gleich dem Genitiv:
*Vidim stric**a**.*
(Ich sehe den Onkel.)
2. Bei unbelebten gleich dem Nom.:
Vidim hrib.
(Ich sehe den Berg.)

Žlahta je strgana plahta.
(Die Verwandtschaft ist ein zerrissenes Leintuch.) Kurz: Von der Verwandtschaft kann man sich nicht viel Hilfe erwarten.

Übungen

So viele Gäste, und an der Garderobe weiß keiner mehr, wem was gehört. Spielen Sie Garderobiere und helfen Sie den Gästen!

1. Wessen Sachen sind das?

92

To je ***Verina torba.***

1. Vera – torba
2. Suzana – plašč
3. Romana – jakna
4. Valentina – ruta
5. Špela – darilo
6. Matjaž – ključ
7. Borut – fotoaparat
8. Roman – pulover
9. Robert – šal
10. Aleš – kravata

Auf Feris Geburtstagsfeier lernt Robert die Verwandtschaft kennen. Haben Sie sich gemerkt, wer da ist?

2. Richtig oder falsch?

1. Na zabavi je Ferijev brat. a ☐ Ja. b ☐ Ne.
2. Prišla je tudi njegova mama. a ☐ Ja. b ☐ Ne.
3. Ferijev oče je Marjan. a ☐ Ja. b ☐ Ne.
4. Tjaša je Ferijeva hčerka. a ☐ Ja. b ☐ Ne.

Große Sätze für eine große Feier. Übersetzen Sie bitte schnell, bevor die Fete startet!
5. *plesati* (tanzen)

3. Es wird groß gefeiert

1. Zur Feier kommen Verwandte und Freunde.
2. Ich habe auch die Neffen und Nichten eingeladen.
3. Ich werde den 40. Geburtstag feiern.
4. Es wird im Gasthaus gefeiert.
5. Am Abend werden wir noch tanzen.

Versuchen Sie mal, die Verwandtschaftsverhältnisse auf Slowenisch zu erklären.

4. Verwandtschaftliche Gleichungen

1. Mamin brat
2. Očetova sestra
3. Stričeva hčerka
4. Tetin sin
5. Očetov oče

a ☐ je moja teta.
b ☐ je moj dedek.
c ☐ je moj stric.
d ☐ je moja sestrična.
e ☐ je moj bratranec.

Männlich, belebt – und schon ändert sich der Akkusativ!

5. Treffen

93

Videl/-a *sem* ***Petra.***

1. Peter
2. Marjan
3. otrok
4. Matjaž
5. maček
6. brat

Festkultur

15

Traditionelle Feste werden in Slowenien für gewöhnlich groß gefeiert. Bei einer Hochzeit zum Beispiel soll eigentlich nicht gespart werden. In manchen Landesteilen ist es immer noch Brauch, dass Freunde und Nachbarn die Straße absperren, und die Braut muss dann mit Geld oder einem Glas Schnaps ausgelöst werden. Doch auch in Slowenien können oder wollen sich immer weniger junge Brautleute so ein pompöses Fest antun und heiraten in kleinerem Rahmen. Viele junge Paare leben mittlerweile auch *„na koruzi“* (auf dem Mais), was einst ein verächtlich gemeinter Begriff für Paare ohne Trauschein war. Für homosexuelle Paare besteht die Möglichkeit einer eingetragenen Partnerschaft.
Ein besonderes Geburtstagsfest ist der 50. Geburtstag, der groß gefeiert wird. Hierzu, wie auch zur Hochzeit, wird mancherorts ein *mlaj* aufgestellt, eine bunt geschmückte Fichte oder Tanne. *Božič* (Weihnachten) und *velika noč* (Ostern) feiert die ganze Familie zusammen, wie auch Silvester, wobei an diesem Abend oft noch Freunde hinzukommen.
Wie auch bei uns werden zu den Festtagen SMS, Mails und/oder Glückwünschkarten verschickt. *Srečno novo leto!* (Ein glückliches neues Jahr!), *Vesel božič!* (Fröhliche Weihnachten!), *Vse najboljše za rojstni dan!* (Alles Gute zum Geburtstag!) sind die „Basics“, die sich natürlich ausschmücken lassen. Zum Valentinstag steckt im Rosenstrauß vielleicht ein Kärtchen mit *Ljubim te* (Ich liebe dich). Gehen Sie mit dem Liebesschwur nicht inflationär um. Die Slowenen bevorzugen das dezentere *Rad/-a te imam* (Ich habe dich gerne).

Arbeitsfreie Feiertage
1.1. *novo leto* (Neujahr)
8.2. *Prešernov dan, Slovenski kulturni praznik* (Prešeren-Tag, slowenischer Kulturfeiertag)
Ostern *velikonočni ponedeljek* (Ostermontag)
27.4. *dan upora proti okupatorju* (Tag des Widerstands gegen die Besatzung)
1./2.5. *praznik dela* (Tag der Arbeit)
25.6. *dan državnosti* (Staatsfeiertag)
15.8. Marijino vnebovzetje (Maria Himmelfahrt)
31.10. *dan reformacije* (Reformationstag)
1.11. *dan spomina na mrtve* (Allerheiligen)
25.12. *božič* (Weihnachten)
26.12. *dan samostojnosti in enotnosti* (Tag der Unabhängigkeit und Einheit).

16

Winterurlaub

Die **ersten Skifahrer** waren die Bewohner der *Bloška planota* (Bloke-Hochebene). Sie werden 1689 in Johann Weikhard von Valvasors Werk „Die Ehre des Herzogtums Krain" erstmals erwähnt.

Wintersportarten
smučanje (Skifahren)
smučanje prostega sloga (Freestyle-Skiing)
deskanje (Snowboarden)
tek na smučeh (Skilanglauf)
smučarski skoki (Skisprung)
drsanje (Eislaufen)

Fröhlich packt Robert den Koffer: *Veselim se zimskega dopusta v Kranjski Gori* (Ich freue mich auf den Winterurlaub in Kranjska Gora). Lisa geht es genauso: *Že dolgo nisem smučala* (Ich bin schon lange nicht mehr Ski gefahren). *Je veliko snega v Kranjski Gori?* (Ist viel Schnee in Kranjska Gora?), möchte Robert wissen. *Ponavadi ga je* (Für gewöhnlich haben sie ihn), zerstreut Lisa seine Zweifel. *A veš, ali si v Kranjski Gori lahko izposodimo smuči?* (Weißt du, ob man in Kranjska Gora Ski ausborgen kann?) *Seveda!* (Mit Sicherheit!), kommt die knappe Antwort. Roberts Ski sind nämlich ein wenig betagt. Aber Lisa geht es nicht anders: *Moja smučarska oprema je tudi že stara* (Meine Skiausrüstung ist auch schon alt). Außerdem fehlt den beiden noch eine *smučarska karta* (Skikarte). Lisa schaut im Internet nach: *Morda najdeva kakšno ugodno ponudbo* (Vielleicht finden wir irgendein günstiges Angebot).
Končno sva sama (Endlich sind wir allein). Lisa betrachtet glücklich die sonnenbeschienenen Schneehänge. Trotz der längeren Skiabstinenz sind beide schnell wieder in Form und kurven nun *na črni progi* (auf der schwarzen Piste). Robert hat sich ein Snowboard ausgeborgt und ist schwer angetan. *A boš jutri cel dan bordal?* (Wirst du morgen den ganzen Tag snowborden?), fragt Lisa. *Ja, bom. Saj imam tedensko karto* (Ja, werde ich. Ich habe doch eine Wochenkarte). Lisa braucht aber einen Tag Skipause: *Rada bi šla na sprehod* (Ich würde gerne spazieren gehen). Da schlägt Robert vor: *Ti lahko povabiš svojo prijateljico in gresta na sprehod* (Du kannst deine Freundin einladen und ihr geht spazieren). Eine großartige Idee: *Ja, medve bova uživali na soncu* (Ja, wir zwei werden die Sonne genießen), schwelgt Lisa voller Vorfreude.

Je veliko snega?

16 A

94

veselim se	ich freue mich
zimski, zimska, zimsko	Winter-
dopust	Urlaub
dolgo	lange
sem smučal, sem smučala	ich bin Ski gefahren
sneg	Schnee
ponavadi	für gewöhnlich
ali	ob
si izposodimo	wir borgen/leihen uns aus
smuči (Plural)	Ski (Plural)
smučarska oprema	Skiausrüstung
star, stara, staro	alt
ponudba	Angebot

■ Veselim se zimskega dopusta v Kranjski Gori.	Ich freue mich auf den Winterurlaub in Kranjska Gora.
● Že dolgo nisem smučala.	Ich bin schon lange nicht mehr Ski gefahren.
■ Je veliko snega v Kranjski Gori?	Ist viel Schnee in Kranjska Gora?
● Ponavadi ga je.	Für gewöhnlich haben sie ihn.
■ Ali veš, ali si v Kranjski Gori lahko izposodimo smuči?	Weißt du, ob wir uns in Kranjska Gora Ski ausleihen können?
● Seveda! Moja smučarska oprema je tudi že stara.	Sicherlich! Meine Skiausrüstung ist auch schon alt.
■ In koliko stane smučarska karta?	Und wie viel kostet die Skikarte?
● Poglejva na internet! Morda najdeva kakšno ugodno ponudbo.	Schauen wir ins Internet! Vielleicht finden wir irgendein günstiges Angebot.

Verbeninfo
smučati, smučam
(Ski fahren, ich fahre Ski)
veseliti se, veselim se
(sich freuen, ich freue mich)
veseliti se + Genitiv:
*Veselim se **dopusta**.*
(Ich freue mich **des Urlaubs**.)

Wie oft?
ponavadi (für gewöhnlich)
nikoli (niemals)
redko (selten)
včasih (manchmal)
vedno (immer)

Niemals!
Wenn Sie etwas niemals tun, wird die Verneinung verdoppelt:
*Lisa **nikoli ne** borda.*
(Lisa fährt **niemals nicht [nie]** mit dem Snowboard.)

Ausrüstung für den Winterurlaub
smuči (Ski)
smučarski čevlji (Skischuhe)
palice (Skistöcke)
čelada (Helm)
smučarska očala (Skibrille)
bord (Snowboard)
sani/sanke (Schlitten)
drsalke (Eislaufschuhe)

Übungen

Geschmäcker sind verschieden: Der eine fährt ständig Ski, der andere nie.

1. Wie oft?

95

Vedno *smučam.*

1. vedno
2. ponavadi
3. redko
4. včasih

Sind Sie gut in der Kombination? Nicht auf der Skipiste, sondern bei dieser Übung. Was gehört zusammen?

2. Kombinierer

1.	zimski	a ☐	ponudba
2.	smučarska	b ☐	čevlji
3.	ugodna	c ☐	dopust
4.	smučarski	d ☐	karta

Jeder freut sich auf etwas anderes.
Aber alle müssen dafür den Genetiv verwenden!
5. *srečanje* (Treffen)

3. Worauf freuen Sie sich?

96

Veselim se ***dopusta****.*

1. dopust
2. počitnice
3. zabava
4. izlet
5. srečanje

Slowenische Sportler haben auf den weißen Steilhängen gut abgeschnitten. Wissen Sie, wer in welcher Sportart erfolgreich war?

4. Sportler der Saison

1.	Filip Flisar	a ☐	smučarski skoki – moški
2.	Žan Košir	b ☐	smučanje
3.	Tina Maze	c ☐	smučarski skoki – ženske
4.	Špela Rogelj	d ☐	smučanje prostega sloga
5.	Peter Prevc	e ☐	deskanje

Oh, nein!!! Das mache ich niemals nie nicht in keinem Leben!
Unterstreichen Sie Ihre Aussage mit einer doppelten Verneinung!

5. Niemals nie

Peter ***nikoli ne*** *borda.*

1. Peter borda.
2. Jožica gre v knjižnico.
3. Mateja vedno smuča.
4. Susi gre v kino.
5. Gorazd hodi v šolo.

Končno sama

97

sam, sama	allein
uživava	(wir beide) genießen
črn, črna, črno	schwarz
proga	Piste
cel, cela, celo	ganz
boš bordal	du wirst snowboarden
saj	doch
tedenski, tedenska, tedensko	Wochen-
bi šla na sprehod	ich (f) würde spazieren gehen
gresta	ihr zwei geht
medve	wir zwei (Frauen)
na soncu	an der Sonne

■ Končno sva sama.	Endlich sind wir allein.
● Ja. Lahko uživava na črni progi.	Ja, wir zwei können die schwarze Piste genießen.
■ A boš jutri cel dan bordal?	Wirst du morgen den ganzen Tag snowboarden?
● Ja, bom. Saj imam tedensko karto.	Ja, werde ich. Ich habe doch eine Wochenkarte.
■ Rada bi šla na sprehod.	Ich würde gerne auf einen Spaziergang gehen.
● Ti lahko povabiš svojo prijateljico in gresta na sprehod.	Du kannst deine Freundin einladen und ihr geht auf einen Spaziergang.
■ Ja, medve bova uživali na soncu.	Ja, wir zwei werden die Sonne genießen.

Verbeninfo
bordati, bordam (snowboarden, ich snowboarde)
uživati, uživam (genießen, ich genieße)
iti na sprehod, grem na sprehod (spazieren gehen, ich gehe spazieren)

For Girls only
Personalpronomen Dual und Plural, weibliche Form:

medve	(wir zwei)
vedve	(ihr zwei)
onidve	(die beiden)
me	(wir)
ve	(ihr)
one	(sie)

Grem smučat.
(Ich gehe Ski fahren.)
Bei Verben der Bewegung fällt das *-i* der Infinitvendung weg.

Partner vorstellen
To je moj fant.
(Das ist mein Bursch/Freund.)
To je moja punca.
(Das ist mein Mädchen/meine Freundin.)
To je moj partner/moja partnerka.
(Das ist mein Partner/meine Partnerin.)

***barve* (Farben)**

črn/-a/-o	(schwarz)
rjav/-a/-o	(braun)
zelen/-a/-o	(grün)
rdeč/-a/-e	(rot)
moder, modra/-o	(blau)
rumen/-a/-o	(gelb)
bel/-a/-o	(weiß)
siv/-a/-o	(grau)

Uživali bova ***na soncu.*** (wörtl.: Wir zwei genießen es **auf der Sonne**.)

Übungen

Unser Alltag ist bunt! Damit es Ihnen nicht zu bunt wird, achten Sie auf die Endungen und bei 6. auch auf die Form von *biti!*

1. Farbenfroh

98

Sneg je bel.

1. sneg – bel
2. kuhano vino – rdeč
3. čelada – črn
4. proga – moder
5. bord – zelen
6. smuči – rumen
7. dan – siv
8. avto – rjav

Lesen Sie noch einmal den Dialog B, falls Sie die Antworten nicht gleich parat haben!

2. Skihäschen und Pistensau

1. Lisa in Robert uživata na snegu. a ☐ Ja. b ☐ Ne.
2. Robert rad borda. a ☐ Ja. b ☐ Ne.
3. Tudi Lisa rada borda. a ☐ Ja. b ☐ Ne.
4. Lisa bo šla na sprehod. a ☐ Ja. b ☐ Ne.

Heute machen sich die Frauen e inen schönen Tag. Die Männer dürfen diese Übung trotzdem machen. Sofern sie die weiblichen Grammatikformen beherrschen.

3. Nur für Frauen

Medve smučava.

1. jaz (f) in Irena – smučati
2. Irena, Mojca, Eva – bordati
3. Valentina, Susi – iti na sprehod
4. jaz (f), Mateja, Lisa – uživati
5. Eva, Tina, Mojca – iti na kavo
6. vedve – iti v trgovino?
7. ve – smučati?
8. Nuša, jaz (f) – iti na morje

Endlich erfahren wir mal etwas über seine neue Freundin. Jetzt müssen Sie das nur noch den Bekannten in Slowenien weitererzählen, also übersetzen!

4. Die Tina ist prima

1. Das ist mein Mädchen Tina.
2. Sie hat schöne grüne Augen.
3. Wir zwei fahren oft in den Winterurlaub.
4. Aber sie fährt nie Ski.
5. Sie ist lieber nur in der Sonne.
6. Ich habe sie gern.

Bevor Sie Ihren Urlaub genießen können, sollten Sie zuerst das jeweils passende Verb in der richtigen Form einsetzen!

5. Winterurlaub? Herrlich!

uživata – smučate – bordava – greva

1. S prijateljico ________ na sprehod.
2. Lisa in Susi ________ na soncu.
3. A vi radi ________?
4. Z Matejem rada ________.

Winterfreuden

16

Slowenen lieben den Wintersport und fahren auch gerne in die benachbarten Skiorte in Italien und Österreich. Kein Wunder, dass die eigenen Wintersportler international gut mithalten können. Tina Maze zählt zu den besten Skifahrerinnen der letzten Jahre, Peter Prevc erzielte große Erfolge im Skisprung, und im Freestyle-Skiwettbewerb gilt der Mariborer Filip Flisar als neuer Star.
In zwei slowenischen Orten werden Weltcuprennen ausgetragen: Slalom und Super-G für die Herren finden in Kranjska Gora, für die Damen hingegen in Maribor statt. Der Wettkampf in Maribor trägt den Namen *Zlata lisica* (Goldener Fuchs). Als man 1964 den Hausberg Maribors, den Pohorje, als Austragungsort für das Skirennen vorschlug, wurden die Initiatoren belächelt. Die Idee hat sich jedoch durchgesetzt und noch immer werden in der Drauebene Skirennen durchgeführt.
Nicht weit von Kranjska Gora befindet sich der Ort Planica, berühmt für seine Skisprung- und Skiflugschanze. Die erste Skisprungschanze wurde bereits 1930 errichtet. Dem Österreicher Sepp Bradl gelang hier 1936 der erste Skisprung über 100 Meter. Man rühmt sich in Planica die größte Skisprungschanze der Welt zu haben.
Wenn Sie der rasante Wintersport eher abschreckt, dann wäre vielleicht Langlaufen die richtige Alternative für Sie, um die Schönheit der Winterlandschaft und die frische Luft zu genießen. Die bekanntesten Loipen befinden sich auf der Hochebene Pokljuka im Triglav-Nationalpark. Und Schlittenfahren macht nicht nur Kindern Spaß, sondern ist auch ein vergnügliches Erlebnis für Erwachsene. Eislaufen und Eishockey sind in den Städten ebenfalls möglich. Oder man macht es wie Lisa und begibt sich auf einen langen, ausgedehnten Winterspaziergang.

***Dan žena* (Frauentag)**
Der 8. März wird in Slowenien seit Langem als Frauentag gefeiert.

1897 erschien die **erste Frauenzeitung** *Slovenka* (Die Slowenin) und ein Jahr später wurde der **erste Frauenverein** gegründet.

Die erste akademisch ausgebildete Slowenin war **Marija Wirgler** (1879–1974), die ihr Studium der Philosophie 1906 an der Universität in Graz abschloss.

1945 wurde das **Wahlrecht für Frauen** gesetzlich verankert.

T

Test 4

Landeskunde-Warm-up Nummer vier. Glühen die Synapsen schon? Nicht doch, nehmen Sie diesen Test ganz cool!

1. Welche Antwort stimmt?

1. *Abraham* feiert man mit ... Jahren.
   a ☐ 66
   b ☐ 60
   c ☐ 50
2. Der *Triglav* ist der ... Berg Sloweniens.
   a ☐ höchste
   b ☐ älteste
   c ☐ niedrigste
3. *Kekec* heißt auch ...
   a ☐ eine Leberpastete.
   b ☐ eine Schokolade.
   c ☐ eine Region.
4. *Živeti na koruzi* bedeutet, dass man ...
   a ☐ verheiratet ist.
   b ☐ unverheiratet zusammenlebt.
   c ☐ Single ist.
5. Das Frauen-Weltcup-Skirennen findet in ... statt.
   a ☐ Kranjska Gora
   b ☐ Ljubljana
   c ☐ Maribor
6. Olympisches Gold im Ski alpin holte ...
   a ☐ Tina Maze.
   b ☐ Ivana Kobilica.
   c ☐ Špela Rogelj.

Und wieder das allseits beliebte Frage-Antwort-Spiel.

2. Fragen und Antworten

1. Kakšno bo jutri vreme?
2. A rada hodiš v hribe?
3. Kdo praznuje rojstni dan?
4. Čigav brat je tvoj stric?
5. A vidiš Marjana?
6. Kaj boš kupila za darilo?

a ☐ Moj bratranec.
b ☐ Ja, vidim ga.
c ☐ Deževno in oblačno.
d ☐ Pisano srajco.
e ☐ Mamin.
f ☐ Zelo rada.

3. Was fehlt?

1. Peter, ___!
   a ☐ pogleda.
   b ☐ poglejta!
   c ☐ poglej!
2. Ne najdem ___
   a ☐ fantu.
   b ☐ fant.
   c ☐ fanta.
3. Mama praznuje ___ rojstni dan.
   a ☐ šestdeseto
   b ☐ šestdeseti
   c ☐ šestdeset
4. Dunaj je ___ kot Ljubljana.
   a ☐ večji
   b ☐ večja
   c ☐ večje
5. A rad ___ v službo?
   a ☐ hodiš
   b ☐ greš
   c ☐ hoditi
6. Veselim se ___
   a ☐ dopusta.
   b ☐ dopustu.
   c ☐ dopust.

Sie finden, dass jede der drei Lösungsvorschläge plausibel klingt? *Pozor!* (Achtung!) Es stimmt nur einer.

4. Wie sagt man das auf Slowenisch?

1. Ich habe heute ein Buch gekauft.
2. Ich lese so gern!
3. Morgen wird es sonnig und warm sein.
4. Ich werde in die Berge gehen.
5. Ich freue mich so!
6. Ich kann das Buch auch in der Almhütte lesen.
7. Das wird schön!

Ein richtig entspanntes Wochenende wird Ihnen guttun! Und voller Energie starten Sie dann in die nächste Lektion.

17

Nachbarn

Kulinarisches von den Nachbarn
čevapčiči (Hackfleischröllchen)
burek (salziger Strudel mit Hackfleisch, Quark oder Spinat)
ajvar (Paprika-Tomaten-Sauce)
kajmak (Frischkäse)
vegeta (Würzmischung)

Für den Nachmittag ist eine Besprechung mit Geschäftspartnern angekündigt. *David, od kod so poslovni partnerji?* (David, woher sind die Geschäftspartner?), fragt Robert seinen Kollegen und erfährt: *Iz Hrvaške in Srbije* (Aus Kroatien und Serbien). Hm, Robert weiß eigentlich gar nicht so genau, wie denn die aktuellen Verhältnisse zwischen den ehemaligen Bruderstaaten sind und erkundigt sich daher vorsichtig: *Kako se pogovarjate?* (Wie unterhaltet ihr euch?) David antwortet: *Malo hrvaško, malo srbsko* (Ein wenig Kroatisch, ein wenig Serbisch), und schiebt süffisant lächelnd nach: *Včasih pa tudi angleško* (Manchmal auch Englisch). Also ein kleines Babylon am Konferenztisch. *A ti razumeš oba jezika?* (Verstehst du beide Sprachen?), fragt Robert leicht erstaunt über die guten Fremdsprachenkenntnisse seines Kollegen. *Ja, kar dobro* (Ja, recht gut), versichert dieser. Was für ein Glück, dass das heutige Treffen aber *v angleščini* (auf Englisch) verlaufen soll.
Nach der Sitzung ist Robert noch ganz erschlagen von den vielen neuen Eindrücken: *Veliko sem izvedel o Hrvaški in Srbiji* (Ich habe viel über Kroatien und Serbien erfahren). *O čem ste se pogovarjali?* (Worüber habt ihr euch unterhalten?), fragt David interessiert, der nicht bei Robert saß und daher vom Gespräch nur wenig mitbekommen hat. *O Jugoslaviji, o vojni, o politiki in o veri* (Über Jugoslawien, über den Krieg, über die Politik und über die Religion). Also eine *intenzivna diskusija* (intensive Diskussion) über schwierige Themen. Robert ergänzt: *Dragan in Ivanka sta mi veliko razložila* (Dragan und Ivanka haben mir viel erklärt). Ihm gefallen die beiden. Auch David schätzt sie. *Ja, in tudi dobra partnerja sta..* (Ja, und sie sind auch gute Partner).

Kako se pogovarjate?

99

poslovni, poslovna, poslovno	Geschäfts-
Hrvaška	Kroatien
Srbija	Serbien
pogovarjate se	ihr unterhaltet euch, Sie unterhalten sich
hrvaško	Kroatisch
srbsko	Serbisch
oba, obe, obe	beide
jezik	Sprache, Zunge
v angleščini	in Englisch

■ David, od kod so poslovni partnerji?	David, woher sind die Geschäftspartner?
● Iz Hrvaške in Srbije.	Aus Kroatien und Serbien.
■ Kako se pogovarjate?	Wie unterhaltet ihr euch?
● Malo hrvaško, malo srbsko. Včasih pa tudi angleško.	Ein wenig Kroatisch, ein wenig Serbisch. Manchmal auch Englisch.
■ A ti razumeš oba jezika?	Verstehst du beide Sprachen?
● Ja, kar dobro.	Ja, recht gut.
■ Bo sestanek danes v angleščini?	Heute wird die Sitzung in Englisch sein?
● Ja, seveda!	Ja, natürlich!

Verbeninfo
pogovarjati se, pogovarjam se (sich unterhalten, ich unterhalte mich)

Fragewörter

ali ...?	(Fragepartikel)
kaj?	(was?)
kako?	(wie?)
kam?	(wohin?)
kdaj?	(wann?)
kdo?	(wer?)
kje?	(wo?)
koliko?	(wie viel?)
od kod?	(woher?)
zakaj?	(warum?)

oba/-e/-e **(beide)**
(m) ***oba*** *jezika* (**beide** Sprachen)
(f) ***obe*** *prijateljici* (**beide** Freundinnen)
(n) ***obe*** *mesti* (**beide** Städte)

In welcher Sprache?
v *slovenšči**ni*** (**in/auf** Slowenisch)
v *nemšči**ni*** (**in/auf** Deutsch)
v *anglešči**ni*** (**in/auf** Englisch)
v *hrvašči**ni*** (**in/auf** Kroatisch)
v *srbšči**ni*** (**in/auf** Serbisch)
v *madžaršči**ni*** (**in/auf** Ungarisch)
v *italijanšči**ni*** (**in/auf** Italienisch)

17 A

Übungen

Die Geschäftspartner sprechen alle eine andere Sprache. Auf welche haben sie sich für diesmal geeinigt?

1. In welcher Sprache?

100

*Sestanek bo v **angleščini**.*

1. angleščina
2. nemščina
3. italijanščina
4. francoščina
5. slovenščina
6. hrvaščina
7. španščina
8. madžarščina
9. srbščina
10. ruščina

Hören Sie sich den Dialog noch einmal an und antworten Sie dann dem Journalisten!

2. Zum Interview, bitte!

1. Od kod so poslovni partnerji?
2. Kako se včasih pogovarjajo?
3. Kdo razume oba jezika?
4. A bo sestanek v angleščini?

Beidseitig muss die Endung passen! Achten Sie auf das Geschlecht und den Dual!

3. Beidseitig

Oba jezika.

1. jezik
2. knjiga
3. sestanek
4. mesto
5. partner

Verbinden Sie die zusammengehörenden Wörter! Das schaffen Sie im Nu!

4. Partnersuche

1.	poslovni	a ☐	jezika
2.	kar	b ☐	podjetje
3.	oba	c ☐	partner
4.	naše	d ☐	dobro

Die Fragewörter sollten Sie immer schnell parat haben. Darum eine Übung zur Festigung. Mehrere Lösungen sind möglich.

5. Ich hätte da mal 'ne Frage

kako – a – od kod – kam – koliko – kaj – kje – zakaj – kdo – kdaj

1. ______ se pogovarjate?
2. ______ greste?
3. ______ so poslovni partnerji?
4. ______ razumete oba jezika?
5. ______ ste stari?
6. ______ prideš?
7. ______ živite?
8. ______ rad delaš?
9. ______ si ti?
10. ______ ne bereš?

Dobra partnerja sta

101

sem izvedel, sem izvedela	ich habe erfahren
odnos	Beziehung
o	über
Jugoslavija	Jugoslawien
vojna	Krieg
politika	Politik
vera	Glaube, Religion
intenziven, intenzivna, intenzivno	intensiv
diskusija	Diskussion
sta razložila	die beiden haben erklärt

■ Sestanek včeraj je bil zanimiv.	Die Sitzung gestern war interessant.
● Zakaj?	Warum?
■ Veliko sem izvedel o Hrvaški in Srbiji in o starih in novih odnosih.	Ich habe viel erfahren über Kroatien und Serbien und über alte und neue Beziehungen.
● O čem ste se pogovarjali?	Worüber habt ihr gesprochen?
■ O Jugoslaviji, o vojni, o politiki in o veri.	Über Jugoslawien, über den Krieg, über die Politik und über die Religion.
● Videl sem, da ste imeli intenzivno diskusijo.	Ich habe gesehen, dass ihr eine intensive Diskussion hattet.
■ Dragan in Ivanka sta mi veliko razložila.	Dragan und Ivanka haben mir viel erklärt.
● Ja, in tudi dobra partnerja sta.	Ja, und sie sind auch gute Partner.

Verbeninfo
izvedeti, izvem
(erfahren, ich erfahre)
razložiti, razložim
(erklären, ich erkläre)

Die **Präposition (über)** verlangt den **Lokativ**:
Singular:
(m) *sestanek* → ***o** sestank**u***
(Sitzung → über die Sitzung)
(f) *Hrvašk**a*** → ***o** Hrvašk**i***
(Kroatien → über Kroatien)
(n) *podjetj**e*** → ***o** podjetj**u***
(Unternehmen → über das Unternehmen)
Plural:
(m) *odnos**i*** → ***o** odnos**ih***
(Beziehungen → über Beziehungen)
(f) *knjig**e*** → ***o** knjig**ah***
(Bücher → über Bücher)
(n) *podjetj**a*** → ***o** podjetj**ih***
(Unternehmen → über Unternehmen)

***o kom?* (über wen?)**
*Govorili smo **o Petru**.*
(Wir haben **über Peter** gesprochen.)
o čem? (worüber?)
*Govorili smo **o vojni**.*
(Wir haben **über den Krieg** gesprochen.)

Vera (Glaube, Religion) ist auch ein beliebter Frauenname.

Übungen

1. Gesprächsthemen

102

Erinnern Sie sich noch, worüber beim Abendessen geredet wurde?
2. *zgodovina* (Geschichte)

Veliko smo govorili o ***vojni****.*

1. vojna
2. zgodovina
3. Ljubljana
4. slovenščina
5. otroci
6. učiteljica
7. šola
8. direktor
9. projekt
10. podjetje

2. Na, aufgepasst?

Können Sie die Fragen beantworten? Wenn nicht, dann lesen Sie sich in Ruhe noch einmal den letzten Dialog durch!

1. Kakšen je bil sestanek?
   a ☐ Zanimiv.
   b ☐ Intenziven.
2. Pogovarjali so se tudi o ...
   a ☐ prijatelju.
   b ☐ vojni.
3. Diskusija je bila ...
   a ☐ dolgočasna.
   b ☐ intenzivna.
4. Veliko je izvedel o ...
   a ☐ politiki.
   b ☐ podjetju.

3. Gute Partner, gutes Geschäft

Sie müssen beim Geschäftsessen als Dolmetscher fungieren. Ihr Auftritt!

1. In der Firma sind auch gute Partner.
2. Ich habe viel erfahren.
3. Auch die Diskussion war interessant.
4. Jetzt verstehe ich meine Partner.

4. Interessante Sachen

Eine interessante Übung: Achten Sie auf die Übereinstimmung von Adjektiv und Substantiv!

Knjiga je ***zanimiva****.*

1. Knjiga je __________
2. Jedla je v __________ restavraciji.
3. Bil je v __________ mestu.
4. Gledal je __________ film.

5. Spaß mit dass

Was haben Sie denn heute schon alles beobachtet?

Videl sem, da ***ste šli*** *v kino.*

1. iti – v kino
2. biti – doma
3. razlagati
4. pisati – razglednica
5. pogovarjati se

17

Eigenständig und unabhängig

Als Nichtjugoslawe hat man einige Jahre gebraucht, um sich daran zu gewöhnen, seinen Urlaub nicht mehr in Jugoslawien, sondern in Slowenien, Kroatien oder Montenegro zu verbringen. 1990 haben sich die Slowenen für die Selbstständigkeit entschieden. Die Loslösung aus dem Staatenbund Jugoslawien verlief allerdings nicht ohne militärische Auseinandersetzungen. Der *desetdnevna vojna* (zehntägige Krieg) dauerte jedoch nur kurz. Am 25. Juni 1991 erklärte Slowenien sich für unabhängig. Seitdem feiert man an diesem Datum den *dan državnosti* (Staatsfeiertag). Nach dem Zerfall Jugoslawiens mussten die „neuen" Nachbarstaaten Slowenien und Kroatien Fragen zu einzelnen Grenzabschnitten sowie zur Seegrenze im Golf von Piran neu regeln.
Die Slowenen fahren nun wieder ans Meer nach Kroatien oder zu einer Sightseeingtour nach Belgrad. Restaurants mit deftiger Balkanküche werden gerne besucht, CDs diverser kroatischer Popstars und dalmatinischer Männerchöre erfreuen sich großer Beliebtheit. Durch den Beitritt Kroatiens zur Europäischen Union 2013 ist aus dem Nachbarn wieder ein Partner geworden. Damals wurde in Graz die Idee eines trilateralen Treffens der drei Nachbarstaaten Österreich, Slowenien und Kroatien ins Leben gerufen. Es findet zweimal im Jahr statt, um die Zusammenarbeit zu stärken und um gemeinsame Pläne in der EU nachdrücklicher zu vertreten.

Slowenisch und Kroatisch sind nicht nur Nachbarsprachen, sondern auch miteinander verwandt. Auch mit wenig Slowenischkenntnissen werden Sie die Ähnlichkeiten schnell raushören.

In jugoslawischen Zeiten war Slowenisch Amtssprache in Slowenien, *srbohrvaščina* (Serbokroatisch) wurde als Fremdsprache in den Schulen unterrichtet.

18

Beim Winzer

Maribor (Marburg), die zweitgrößte Stadt Sloweniens, liegt an der *Drava* (Drau). 1164 wurde die Stadt erstmals als Markburg erwähnt. Der Name Maribor wurde erst im 19. Jh. im Zuge des Aufkommens des slowenischen Nationalbewusstseins vom Dichter Stanko Vraz geschaffen. In Maribor steht auch die älteste Weinrebe der Welt, die angeblich mehr als 400 Jahre alt ist. Die Traubenernte dieser Rebe ist jedes Jahr ein großes Fest.

Živali na kmetiji (Tiere auf dem Bauernhof) 103

krava	(Kuh)
prašič	(Schwein)
kokoš	(Huhn)
petelin	(Hahn)
ovca	(Schaf)
koza	(Ziege)
pes	(Hund)
mačka	(Katze)
miš	(Maus)
konj	(Pferd)

Lisa hat schon Pläne für ein verlängertes Wochenende geschmiedet. *A si že bil v Mariboru?* (Warst du schon in Maribor?), fragt sie Robert. Der Tankstopp damals gilt wohl nicht als Stadtbesuch. *No, potem boš šel v soboto z mano v Maribor* (Nun, dann wirst du am Samstag mit mir nach Maribor fahren). Mit Lisa hat er eine tolle Freundin und Reiseführerin. Aber auch Robert hat sich schlau gemacht. *Vem, da je bil Maribor evropska prestolnica kulture* (Ich weiß, dass Maribor „Kulturhauptstadt Europas"war). *Ja, pravilno* (Ja, richtig). *Slišal sem, da imajo tudi veliko vinsko klet* (Ich habe gehört, dass sie auch einen großen Weinkeller haben). Lisa nickt und ergänzt: *Pred mestom so že prvi vinogradi* (Vor der Stadt sind schon die ersten Weingärten). Da fühlt sich Robert fast wie daheim: *Kot na Dunaju* (Wie in Wien). Lisa muss schmunzeln: *Samo da je Maribor malo manjši* (Nur das Maribor ein wenig kleiner ist). Nach der Stadtbesichtigung hat Lisa ein Zimmer auf einem Bauernhof gebucht. Der Bauer begrüßt seine Gäste aufs Herzlichste: *Dobrodošli na naši kmetiji!* (Willkommen auf unserem Bauernhof!), und zeigt ihnen dann das Zimmer.
Tukaj je vaša soba, to je kopalnica (Hier ist Ihr Zimmer, das ist das Bad). *Kje pa bo zajtrk?* (Wo aber wird das Frühstück sein?), erkundigt sich Lisa. *V kuhinji* (In der Küche), antwortet ihr der Bauer. Lisa ist von der Aussicht auf die Weinberge begeistert. *Z balkona je lep razgled* (Vom Balkon hat man eine schöne Aussicht). *Zvečer bo v naši vinski kleti degustacija vina. Prideta?* (Am Abend wird in unserem Weinkeller eine Weinverkostung stattfinden. Kommt ihr zwei?) Lisa freut sich sehr über diese Einladung: *Z veseljem!* (Gerne!)

A si že bil v Mariboru?

18 A

104

na kratko	kurz, kurze Zeit
z mano	mit mir
evropski, evropska, evropsko	europäisch
prestolnica	Hauptstadt
kultura	Kultur
pravilno	richtig
sem slišal, sem slišala	ich habe gehört
vinska klet	Weinkeller
pred	vor
mesto	Stadt
vinograd	Weingarten
kot	wie (in Vergleichen)

■ A si že bil v Mariboru?	Warst du schon in Maribor?
● Samo na kratko.	Nur kurz.
■ No, potem boš šel v soboto z mano v Maribor.	Nun, dann wirst du am Samstag mit mir nach Maribor fahren.
● Vem, da je bil Maribor evropska prestolnica kulture.	Ich weiß, dass Maribor „Kulturhauptstadt Europas" war.
■ Ja, pravilno.	Ja, richtig.
● Slišal sem, da imajo tudi veliko vinsko klet.	Ich habe gehört, dass sie einen großen Weinkeller haben.
■ Pred mestom so že prvi vinogradi.	Vor der Stadt sind schon die ersten Weingärten.
● Kot na Dunaju!	Wie in Wien!
■ Samo da je Maribor malo manjši.	Nur dass Maribor ein wenig kleiner ist.

Verbeninfo
slišati, slišim
(hören, ich höre)

kje?
***pred* (vor) – *za* (hinter) + Instrumental**
(m) ***pred*** *Maribor**om***
(**vor** Maribor)
(f) ***pred*** *knjigarn**o***
(**vor** der Buchhandlung)
(n) ***pred*** *mest**om***
(**vor** der Stadt)
Aber: ***pred**mestje*
(**Vor**stadt)

Wie?
1. *Ljubljana je tako velika* ***kot*** *Gradec.* (Ljubljana ist so groß **wie** Graz.)
2. ***Kako*** *ste?* (**Wie** geht's?)
3. ***Kakšen*** *je učitelj?* (**Wie** ist der Lehrer?)
4. ***Koliko*** *je ura?* (**Wie** spät ist es?)

z/s (mit) **+ Instrumental**

*z **mano***	(mit **mir**)
s tabo	(mit **dir**)
*z **njim***	(mit **ihm**)
*z **njo***	(mit **ihr**)
*z **nami***	(mit **uns**)
*z **vami***	(mit **euch/Ihnen**)
*z **njimi***	(mit **ihnen**)

18 A

Übungen

Trotz Handys und dergleichen sollte der Treffpunkt im Instrumental stehen.

1. Wo treffen wir uns?

105

*Dobimo se pred **kinom**.*

1. kino
2. gledališče
3. knjigarna
4. trgovina
5. avto
6. hotel
7. dvigalo
8. garaža

Zwei ähnliche Antworten, aber nur eine stimmt. Der Dialog A ist der Schlüssel zu dieser Aufgabe.

2. Wie geht's richtig weiter?

1. Lisa in Robert ...
   - a ☐ bosta šla na praznovanje.
   - b ☐ bosta šla v Maribor.
2. Maribor je bil ...
   - a ☐ evropska prestolnica kulture.
   - b ☐ večji kot Dunaj.
3. V mestu je tudi ...
   - a ☐ velika vinska klet.
   - b ☐ veliko prijateljev.
4. Že pred mestom ...
   - a ☐ so visoke hiše.
   - b ☐ so vinogradi.

Man kann schon mal vergessen, wo man sein Auto geparkt hat. Hauptsache, die Instrumentalendungen stimmen!

3. Wo hast du dein Auto geparkt?

106

*Za **hišo**.*

1. hiša
2. muzej
3. blok
4. šola
5. bolnišnica
6. lekarna
7. gledališče
8. železniška postaja

Diese Kurzphrasen können Sie immer mal brauchen.

4. Kurz und bündig

1. Samo na kratko.
2. Ja, vem.
3. Ja, pravilno.
4. Kot na Dunaju.

- a ☐ Wie in Wien.
- b ☐ Ja, richtig.
- c ☐ Ja, ich weiß,
- d ☐ Nur kurz.

Robert und Lisa wollen nach Maribor und nehmen gerne noch jemanden mit. Wer ist immer dabei? Der Instrumental!

5. Mit wem geht's nach Maribor?

*Z **mamo** greva v Maribor. Z **njo** greva v Maribor.*

1. mama
2. Peter
3. direktor
4. dedek
5. prijatelj
6. ti
7. jaz
8. gospa Novak
9. gospod Bregar
10. Peter, Monika, Maja

Dobrodošli na naši kmetiji!

108

naš, naša, naše	unser
kmetija	Bauernhof
soba	Zimmer
kopalnica	Badezimmer
zajtrk	Frühstück
kuhinja	Küche
z/s (+ Gen.)	von
balkon	Balkon
razgled	Aussicht
degustacija vina	Weinverkostung, Weinprobe
prideta	ihr zwei kommt, beide kommen

■ Dobrodošli na naši kmetiji! — Willkommen auf unserem Bauernhof!

● Hvala lepa. Zelo lepo kmetijo imate! — Danke schön. Einen sehr schönen Bauernhof haben Sie!

■ Me veseli, da vam je všeč. Tukaj je vaša soba, to je kopalnica. — Freut mich, dass er Ihnen gefällt. Hier ist Ihr Zimmer, das ist das Bad.

● Kje pa bo zajtrk? — Wo aber wird das Frühstück sein?

■ V kuhinji. — In der Küche.

● Z balkona je lep razgled. — Vom Balkon hat man eine schöne Aussicht.

■ Zvečer bo v naši vinski kleti degustacija vina. Prideta? — Am Abend wird in unserem Weinkeller eine Weinprobe sein. Kommt ihr zwei?

● Z veseljem! — Gerne!

Verbeninfo
priti, pridem
(kommen, ich komme)

Wohnräume 107

hiša	(Haus)
stanovanje	(Wohnung)
soba	(Zimmer)
kuhinja	(Küche)
dnevna soba	(Wohnzimmer)
jedilnica	(Esszimmer)
otroška soba	(Kinderzimmer)
delovna soba	(Arbeitszimmer)
kopalnica	(Badezimmer)
stranišče	(WC)
balkon	(Balkon)
klet	(Keller)

Possessivpronomen

naš/-a/-e	(unser)
vaš/-a/-e	(euer, Ihr)
njihov/-a/-o	(ihr)

Vollpension

zajtrk	(Frühstück)
kosilo	(Mittagessen)
malica	(Jause, Imbiss)
večerja	(Abendessen)

Übungen

Setzen Sie die Possessivpronomen richtig ein und denken Sie an die Übereinstimmung der Endungen!

1. Unser, euer, ihr?

109

***Naša** hiša je velika.*

1. mi – hiša je velika.
2. vi – knjiga je zanimiva.
3. vi – sodelavec je simpatičen.
4. oni – prijatelj je mlad.
5. mi – vino je dobro.
6. mi – hotel je nov.
7. oni – vinska klet je stara.
8. vi – soba je velika.
9. mi – kmetija je majhna.
10. oni – avto je bel.

Können Sie die Fragen beantworten? Wenn Sie Hilfe brauchen, werfen Sie noch einmal einen Blick auf den Dialog B.

2. Fragestunde

1. Kam sta šla Robert in Lisa?
   a ☐ Na kmetijo.
   b ☐ Na zajtrk.
2. Kakšna je kmetija?
   a ☐ Zelo velika.
   b ☐ Zelo lepa.
3. Kje bo zajtrk?
   a ☐ V kuhinji.
   b ☐ V jedilnici.
4. Od kod je lep razgled?
   a ☐ Z balkona.
   b ☐ Iz kuhinje.
5. Kdaj bo degustacija vina?
   a ☐ Zvečer.
   b ☐ Jutri.

Die Putzfrau hat so gründlich geputzt, dass die Zimmer einen Buchstaben verloren haben. Welcher fehlt?

3. Welcher Buchstabe fehlt?

1. kopalni__a
2. kle__
3. strani__če
4. ku__inja
5. s__anovanje

Damit Sie nicht irrtümlich nach dem Keller statt der Küche fragen. Welche slowenische Entsprechung stimmt?

4. Frühstück am Abend?

1. Frühstück
2. Abendessen
3. Keller
4. Küche

a ☐ zjutraj – zvečer – zajtrk
b ☐ večerja – zvečer – večer
c ☐ kopalnica – klet – jedilnica
d ☐ klet – kuhinja – kopalnica

Präpositionen gehören in vielen Sprachen zu den schwierigen Kapiteln. Das gilt leider auch für das Slowenische.

5. Lückenfüller

v – na – z

1. ___ naši kmetiji je lepo.
2. Zajtrk je vedno ___ kuhinji.
3. ___ balkona je lep razgled.
4. ___ naši vinski kleti bo degustacija.

Hüben und drüben – Štajerska

18

Gremo na Štajersko, gledat, kaj delajo! (Gehen wir in die Steiermark, schauen, was sie tun!) Das beliebte slowenische Volkslied ist kein Werbespruch des slowenischen Tourismusverbandes, es erzählt stattdessen von einem Burschen, der sich in die Steiermark aufmacht, um dort bei seinen drei Mädchen nach dem Rechten zu sehen. Die Region *Štajerska* (Steiermark), die sich Österreich und Slowenien teilen, bezaubert mit ihren sanften Hügeln und lockt mit guten Weinen. Der *klopotec* (Klapotetz), ein typisches Holzwindrad, vertreibt im Herbst klappernd die Stare, die von den süßen Weintrauben naschen wollen. Typische Weinsorten der Region sind z. B. *laški rizling* (Welschriesling), *beli burgundec* (Weißburgunder) und *traminec* (Traminer).

Ein *vinotoč* (Weinschenke) bietet Wein zum Verkosten und Kauf an, manchmal erhält man dort auch einen kalten Imbiss. Beim *kmečki turizem* (Tourismus auf dem Bauernhof) werden oft Zimmer angeboten, zuweilen kann man am Wochende auf Vorbestellung auch warme regionale Gerichte erhalten.

Zur Region Štajerska gehört auch die in der Römerzeit bedeutende Stadt *Ptuj* (deutsch Pettau, lateinisch Poetovio), die malerisch an der *Drava* liegt. Hier findet jährlich der große Faschingsumzug *kurentovanje* statt. Im Museum wird die Bedeutung der Kostüme detailliert erklärt. Der kleine Ort *Jeruzalem*, eingebettet in den Weinbergen, hat seinen Namen von den Kreuzrittern, die aus dem Heiligen Land zurückkamen und sich hier niederließen.

Wer mehr als Wein und gutes Essen möchte, kann durch den Pohorje, den Gebirgszug bei Maribor, wandern. Für Abenteurer gibt es im Adrenalinpark den gewissen Kick. Anschließend bieten die Thermen die richtige Entspannung.

Johann Puch wurde 1862 in Sakušak bei Ptuj als Janez Puh geboren. Er war das siebte Kind einer armen Bauernfamilie. In Ptuj machte er eine Schlosserlehre und kam schließlich nach Graz. Hier gründete er seine erste Werkstatt. Mit seinem Fahrradmodell Styria begann seine erfolgreiche Unternehmerkarriere. Bald produzierte er auch Motorräder und Autos. Puch starb 1914 in Zagreb. Puch-Fahrräder werden wieder in Lizenz hergestellt. Ältere Fahrräder und Motorräder von Puch sind überdies beliebte Sammlerstücke.

Gulasch und Benzin

AMZS – Avto-moto zveza Slovenije
Der slowenische Autofahrerklub ist unter der Notrufnummer 1987 zu erreichen.

Wenn das Auto mal streikt:
avtomehanična delavnica (Autowerkstatt)
avtomehanik (Automechaniker)

***črpalka* (Tankstelle)**
In Slowenien gibt es keine Preisunterschiede zwischen den Tankstellen.

Licht
In Slowenien müssen Sie auch bei Tag mit Licht fahren.

malica (Jause, Imbiss)
Viele Gasthäuser bieten um die Mittagszeit ein warmes Gericht, oft einen Eintopf, als *malica* an.
kosilo (Mittagessen)
ist ein Mittagsmenü mit Vor- und/oder Nachspeise.

Robert und Lisa sind mit dem Auto auf dem Weg nach Kočevje. *Nekaj je z avtom!* (Es ist etwas mit dem Auto!), schimpft Robert plötzlich. *Res?* (Wirklich?) Lisa hat davon gar nichts bemerkt. *Nujno morava na črpalko!* (Wir müssen dringend zur Tankstelle!) Robert ist merklich besorgt. Lisa wirft einen Blick auf die Tankuhr: *Ja, saj potrebujeva tudi bencin* (Ja, wir brauchen doch auch Benzin). Robert kommentiert zynisch: *In upam, da ne bova potrebovala še mehanika* (Und ich hoffe, dass wir nicht noch einen Mechaniker brauchen werden). Als sie die Tankstelle anfahren, bemüht sich Lisa um einige tröstende Worte: *Ne bo tako hudo!* (Es wird nicht so schlimm sein!)
Leider ist das Problem doch größer, und während das Auto in der Werkstatt kontrolliert wird, gehen die beiden ins nächstgelegene Gasthaus. Der Kellner kommt gleich an ihren Tisch: *Želite, prosim?* (Sie wünschen, bitte?) *Malo pivo in mineralno vodo, prosim* (Ein kleines Bier und ein Mineralwasser, bitte), bestellt Robert gleich die Getränke und erkundigt sich nach dem Mittagsangebot: *Kaj imate za malico?* (Was haben Sie als Imbiss?) Der Kellner zählt die Gerichte auf: *Golaž, vampe in zelenjavno lazanjo* (Gulasch, Kutteln und eine Gemüselasagne). Robert graut es vor Innereien: *Ne maram vampov!* (Ich mag keine Kutteln!) *Golaž in lazanjo, prosim.* (Gulasch und eine Lasagne, bitte.) Der Kellner notiert sich die Bestellung. *V redu* (In Ordnung). Robert freut sich nun so richtig auf das Gulasch: *Že dolgo nisem jedel golaža. Upam, da bo dober!* (Ich habe schon lange kein Gulasch gegessen. Ich hoffe, es wird gut sein!) Eine leckere Mahlzeit vor Augen, und die Probleme mit dem Auto wiegen nur noch halb so schwer.

Nekaj je z avtom

110

nekaj	irgendetwas
res	wirklich
nujno	dringend
morava	wir zwei müssen
črpalka	Tankstelle
bencin	Benzin
upam	ich hoffe
mehanik	Mechaniker
hudo	schlimm
natoči	füll auf, schenk ein
bom preveril, bom preverila	ich werde kontrollieren
olje	Öl

■ Nekaj je z avtom!	Irgendetwas ist mit dem Auto!
● Res?	Wirklich?
■ Nujno morava na črpalko!	Wir müssen dringend zur Tankstelle!
● Ja, saj potrebujeva tudi bencin.	Ja, wir brauchen doch auch Benzin.
■ In upam, da ne bova potrebovala še mehanika.	Und ich hoffe, dass wir nicht noch einen Mechaniker brauchen werden.
● Ne bo tako hudo!	Es wird nicht so schlimm sein!
■ Ti natoči bencin, jaz pa bom preveril olje.	Füll du das Benzin ein und ich werde das Öl kontrollieren.
● V redu.	In Ordnung.

Verbeninfo
natočiti, natočim (einschenken, ich schenke ein)
preveriti, preverim (kontrollieren, ich kontrolliere)

Modalwörter (+ Infinitiv)
želeti (wünschen)
želim (ich wünsche)
ne želim (ich wünsche nicht)
hoteti (wollen)
hočem (ich will)
nočem (ich will nicht)
smeti (dürfen)
smem (ich darf)
ne smem (ich darf nicht)
morati (müssen)
moram (ich muss)
ni mi treba (ich muss nicht)
moči (können)
lahko + Verbform
ne morem + Inf. (ich kann nicht)

Verneinung
Das Akkusativobjekt wird bei Verneinung zum Genitivobjekt:
(m) *Potrebujem bencin.*
(Ich brauche Benzin.)
***Ne** potrebujem bencin**a**.*
(**Nicht** ich brauche **des Benzins**. = Ich brauche **kein** Benzin.)
(f) *Potrebujem vod**o**.*
(Ich brauche Wasser.)
***Ne** potrebujem vod**e**.*
(Ich brauche **kein** Wasser.)
(n) *Potrebujem olje.* (Ich brauche Öl.)
***Ne** potrebujem olj**a**.*
(Ich brauche **kein** Öl.)

Fahrzeuge

kolo	(Fahrrad)
motor	(Motorrad)
avto	(Auto)
tovornjak	(Lastwagen)
avtobus	(Bus)
vlak	(Zug)
letalo	(Flugzeug)

19 A

Übungen

Selbst so ein Alleskönner und Selbstgenügsamer wie Sie braucht bei verneinten Objekten zumindest eines: den Genitiv!

1. Danke, brauche ich nicht!

111

*Ne potrebujem **mehanika**.*

1. mehanik
2. Franc
3. zdravnik
4. avto
5. vozovnica
6. tajnica
7. tableta
8. prijateljica
9. kava
10. Ana

Modalwörter werden häufig verwendet. Welcher Infinitiv passt zum Verb?
2. *kaditi* (rauchen)

2. Das müssen Sie können!

1. Morava na črpalko. a ☐ morati b ☐ moči
2. Ne smem kaditi. a ☐ moči b ☐ smeti
3. Nočem kave. a ☐ želeti b ☐ hoteti
4. Ne morem brati. a ☐ moči b ☐ morati

Sie müssen sich hier nicht nur mit dem Verb *morati* beschäftigen, sondern sich auch noch an den Akkusativ erinnern. Sie schaffen das!

3. Tagtäglich

*Vsak dan **moram iti v službo.***

1. iti – v službo
2. piti – kava
3. kupiti – kruh
4. jesti – čokolada
5. telefonirati

Diese Wörtchen sind wirk lich nicht schlimm und praktisch immer zu gebrauchen. Aber wie lautet die deutsche Entsprechung?

4. Wirklich nicht schlimm

1. nekaj
2. nujno
3. tako hudo
4. res

a ☐ wirklich
b ☐ so schlimm
c ☐ dringend
d ☐ irgendetwas

Robert und Lisa kümmern sich zu zweit ums Auto. Setzen Sie das Verb in den Dual und basteln Sie einen schönen Satz!

5. Zu zweit geht's leichter

1. Robert in Nina – morati – nujno – na črpalko
2. Natočiti – bencin – in – preveriti – olje
3. A – potrebovati – mehanika?
4. Upati – da ne

Kaj imate za malico?

112

medtem ko	währenddessen
vsaj	wenigstens
mali, mala, malo	klein, wenig
pivo	Bier
mineralna voda	Mineralwasser
boste jedli	ihr werdet/Sie werden essen
golaž	Gulasch
vampi	Kutteln
zelenjavni, zelenjavna, zelenjavno	Gemüse-
lazanja	Lasagne
ne maram	ich mag nicht

■ Medtem ko je avto pri mehaniku, imava vsaj čas za kosilo.	Während das Auto beim Mechaniker ist, haben wir wenigstens Zeit für ein Mittagessen.
● Želite, prosim?	Sie wünschen, bitte?
■ Malo pivo in mineralno vodo, prosim.	Ein kleines Bier und ein Mineralwasser, bitte.
● Boste kaj jedli?	Möchten Sie etwas essen?
■ Kaj imate za malico?	Was haben Sie als Mittagstisch?
● Golaž, vampe in zelenjavno lazanjo.	Gulasch, Kutteln und Gemüselasagne.
■ Ne maram vampov! Golaž in lazanjo, prosim.	Ich mag keine Kutteln! Ein Gulasch und eine Lasagne, bitte.
● V redu.	In Ordnung.
■ Že dolgo nisem jedel golaža. Upam, da bo dober!	Ich habe schon lange kein Gulasch gegessen. Ich hoffe, dass es gut sein wird!

Verbeninfo
jesti, jem (essen, ich esse)
Partizip: *jedel/jedla*

ne marati **(nicht mögen)**
verlangt den Genitiv:
(m) ***Ne*** *maram jabolčn**ega** sok**a**.*
(Ich mag **keinen** Apfelsaft)
(f) ***Ne*** *maram prekmursk**e** gibanic**e**.* (Ich mag **keine** Prekmurska gibanica.)
(n) ***Ne*** *maram bel**ega** vin**a**.*
(Ich mag **keinen** Weißwein.)

v gostilni	**(im Gasthaus)**
jedilni list	(Speisekarte)
meni	(Menü)
predjed	(Vorspeise)
glavna jed	(Hauptspeise)
sladica	(Nachspeise)
pijača	(Getränk)
račun	(Rechnung)

Grundnahrungsmittel

kruh	(Brot)
maslo	(Butter)
sir	(Käse)
marmelada	(Marmelade)
meso	(Fleisch)
riba	(Fisch)
špageti	(Spaghetti)
riž	(Reis)
jajce	(Ei)
kis	(Essig)
olje	(Öl)
sol	(Salz)
poper	(Pfeffer)
sladkor	(Zucker)

Übungen

Manches haben wir echt gerne, anderes mögen wir so gar nicht.
Sie mögen den Genitiv nicht? Tut uns leid, an dem werden Sie nicht vorbeikommen!

1. Mag ich nicht!

113

*Ne maram **čokolade**.*

1. čokolada
2. pivo
3. golaž
4. solata
5. mleko
6. svinjska pečenka
7. jabolčni sok
8. belo vino
9. zelenjavna lazanja
10. prekmurska gibanica

Auch wenn Sie kein Vegetarier sind, können Sie die Aufgabe lösen, wenn Sie das Adjektiv *zelenjavni* richtig einsetzen.

2. Für Gemüseliebhaber

***Zelenjavna** juha.*

1. ______________ juha
2. ______________ lazanja
3. ______________ sok
4. ______________ jed
5. ______________ trg

Hm, lecker! Ordnen Sie die Mahlzeiten den Gerichten zu!

3. Mahlzeit!

večerja – kosilo – malica – zajtrk

1. ______________: jabolko, voda
2. ______________: juha, svinjska pečenka, krompir, solata
3. ______________: pršut, kruh, vino
4. ______________: kruh, marmelada, mleko

Da ist wohl die *burja* durch die Übung gefegt. Ordnen Sie die Sätze, damit diese kurze Geschichte wieder stimmt!

4. Durcheinander

__ Naročila sta malico.
__ Avto je pri mehaniku.
__ Onadva sta na kosilu.
__ Upata, da bo dobra.

Hoffen wir, dass es bei diesem Koch fast so gut schmeckt wie bei Oma. Trotz Ihres knurrenden Magens müssen Sie nun an den Genitiv und die richtige Adjektivform denken.

5. Hoffentlich schmeckt es!

*Že dolgo nisem jedla **golaža.** Upam, da bo **dober**.*

1. golaž
2. goveja juha
3. meso
4. pražen krompir
5. prekmurska gibanica

Wilde Natur

19

Die Stadt *Kočevje*, oder auf Deutsch Gottschee, liegt in der Region *Dolenjska* (Unterkrain) im Süden Sloweniens. Der Ort entstand Anfang des 14. Jahrhunderts, als die Grafschaft Ortenburg aus Oberkärnten deutsche Kolonisten dort ansiedelte. Diese rodeten den Urwald des *Kočevski rog* (Hornwald), und aus dem Dorf entwickelte sich eine Stadt. 1872 wurde ein deutschsprachiges Gymnasium eröffnet. Im Königreich der Serben, Kroaten und Slowenen wurde der deutsche durch den slowenischen Ortsnamen Kočevje ersetzt. Die deutsche Sprachinsel geriet in Bedrängnis. Die beiden Weltkriege taten das ihrige, im Nachkriegsjugoslawien war das Deutsche unerwünscht. Viele Gottscheer haben ihr Land verlassen und gingen u. a. nach Österreich. Nur noch wenige sprechen die Gottscheer Mundart.

Eine Besonderheit der Region sind die Bären. In ganz Slowenien soll es zwischen 400 und 600 Bären geben, allein in der Region Kočevje um die 300! Das Zusammenleben zwischen Bär und Mensch verläuft zwar nicht immer unproblematisch, aber inzwischen haben die Menschen gelernt, mit den Bären zu leben. Auch Luchse und Wölfe sind in den hiesigen Wäldern wieder heimisch geworden. Dem *polh* (Siebenschläfer) gefällt es in der Region ebenfalls gut, da es viele Bucheckern gibt. Der Siebenschläfer war das einzige Tier, das die armen Bauern jagen durften. Beim Schloss *Snežnik* (Schneeberg) gibt es ein kleines Museum zur traditionellen Siebenschläfer-Jagd. Dr. Leopold Hufnagel ist es zu verdanken, dass 1892 der Urwald von Kočevje unter Schutz gestellt wurde. Er wird als erster Naturschützer Sloweniens bezeichnet. Heute gibt es einige Bäume, die über 500 Jahre alt und außerordentlich hoch sind. Kein Wunder: Slowenien ist nämlich eines der waldreichsten Länder Europas.

Gottscheer
Im Gegensatz zu den Italienern und Ungarn in Slowenien, werden die Deutschen in der Gottschee nicht als Volksgruppe anerkannt.

Bärenhunger
Wenn man Ihnen als Spezialität eine Bärensalami anbietet, bindet man Ihnen keinen Bären auf. Eine begrenzte Menge an Bären darf nämlich pro Jahr geschossen werden.

20

Wir bleiben in Kontakt

Rauchen & Trinken
In Gaststätten darf nicht geraucht werden.
Vor zehn Uhr wird in Slowenien kein Alkohol ausgeschenkt, und das Trinken von Alkohol ist erst ab 18 Jahren gestattet.

Ich zahle!
Wenn Sie zu einem Getränk oder einem Essen eingeladen werden, so können Sie die Einladung gerne annehmen. Aber der Höflichkeit halber sollten Sie sich noch ein wenig über die Übernahme der Rechnung streiten und sich dann dem Einladenden geschlagen geben.

David und Robert sitzen bei einer Tasse Kaffee im Büro. *Zdaj si že eno leto pri nas* (Jetzt bist du schon ein Jahr bei uns). Robert kann es selbst kaum glauben: *Kako hitro mine čas!* (Wie schnell die Zeit vergeht!) David zwinkert seinem Kollegen zu: *Postal si že skoraj Slovenec* (Du bist schon fast ein Slowene geworden). Robert grinst: *Malo še manjka* (Ein wenig fehlt noch), und denkt dabei an den Triglav, den er ja noch nicht bestiegen hat. Dabei möchte David doch nur seine Fortschritte loben: *Tvoja slovenščina je že zelo dobra* (Dein Slowenisch ist schon sehr gut). Robert gibt das Lob zurück: *Saj sem imel tudi dobre učitelje* (Ich hatte doch auch gute Lehrer). Besonders freut Robert, dass er so viele Ecken des Landes kennenlernen konnte. David ist überzeugt: *Zdaj poznaš Slovenijo bolje kot mi* (Jetzt kennst du Slowenien besser als wir). *Kje pa!* (Ach wo!), antwortet Robert bescheiden.
A že veš, če boš dobil službo v Sloveniji? (Weißt du schon, ob du eine Arbeitsstelle in Slowenien bekommen wirst?) Robert ist zuversichtlich: *Zgleda dobro* (Es sieht gut aus) Doch zuerst fährt er mit Lisa in den Urlaub, aber *septembra* (im September) wird man sich bei einem Meeting in Wien wiedersehen. Robert freut sich schon sehr auf Davids *obisk* (Besuch). Aber vorerst heißt es Abschied nehmen. *Jutri je tvoj zadnji dan?* (Morgen ist dein letzter Tag?), fragt David nach. *Ja in jutri zvečer vabim vse kolegice in kolege v bar na pijačo* (Ja und morgen Abend lade ich alle Kolleginnen und Kollegen in die Bar auf ein Getränk ein). *Z veseljem pridem!* (Ich komme gerne!), kündigt David an. Ob es bei einem Gläschen bleiben wird? Wohl kaum!

Kako hitro mine čas!

20 A

114

hiter, hitra, hitro	schnell
čas	Zeit
mine	er/sie/es vergeht
si postal, si postala	du bist geworden
skoraj	fast
Slovenec	Slowene
manjka	er/sie/es fehlt
kompliment	Kompliment
sem odkrival, sem odkrivala	ich habe entdeckt
poznaš	du kennst

■ Zdaj si že eno leto pri nas.	Jetzt bist du schon ein Jahr bei uns.
● Kako hitro mine čas!	Wie schnell die Zeit vergeht!
■ Postal si že skoraj Slovenec.	Du bist schon fast ein Slowene geworden.
● Malo še manjka.	Ein wenig fehlt noch.
■ Tvoja slovenščina je že zelo dobra.	Dein Slowenisch ist schon sehr gut.
● Saj sem imel tudi dobre učitelje.	Ich hatte doch auch gute Lehrer.
■ Hvala za kompliment.	Danke für das Kompliment.
● V tem letu sem tudi odkrival Slovenijo.	In diesem Jahr habe ich auch Slowenien entdeckt.
■ Zdaj jo poznaš bolje kot mi.	Jetzt kennst du es besser als wir.
● Kje pa!	Ach wo!

Verbeninfo
miniti, mine
(vergehen, er/sie/es vergeht)
postati, postanem
(werden, ich werde)
manjkati, manjkam
(fehlen, ich fehle)
odkrivati, odkrivam
(entdecken, ich entdecke)
poznati, poznam
(kennen, ich kenne)

pri **(bei) + Lokativ**

*pri **meni***	(bei **mir**)
*pri **tebi***	(bei **dir**)
*pri **njem***	(bei **ihm**)
*pri **njej***	(bei **ihr**)
*pri **nas***	(bei **uns**)
*pri **vas***	(bei **euch/Ihnen**)
*pri **njih***	(bei **ihnen**)

Nationalitäten
Slovenec – Slovenka
(Slowene – Slowenin)
Avstrijec – Avstrijka
(Österreicher – Österreicherin)
Nemec – Nemka
(Deutscher – Deutsche)
Madžar – Madžarka
(Ungar – Ungarin)
Hrvat – Hrvatica
(Kroate – Kroatin)
Italijan – Italijanka
(Italiener – Italienerin)
Anglež – Angležinja
(Engländer – Engländerin)
Rus – Rusinja
(Russe – Russin)
Američan – Američanka
(Amerikaner – Amerikanerin)

Übungen

Abwechslung tut gut! Soll mal ein anderer die Party schmeißen!

1. Nicht immer bei dir!

115

*Pa ne vedno pri **tebi**!*

1. ti
2. jaz
3. ona
4. on
5. mi
6. vi
7. oni
8. one

Robert hat viel dazugelernt – Sie aber auch! Welche Antwort passt jeweils?

2. Viel ist in einem Jahr passiert

1. Robert je skoraj eno leto v Sloveniji. a ☐ Ne. b ☐ Ja.
2. Slabo govori slovensko. a ☐ Ja. b ☐ Ne.
3. Imel je dobre učitelje. a ☐ Ja. b ☐ Ne.
4. Slovenijo že zelo dobro pozna. a ☐ Ja. b ☐ Ne.

Die neuen Verben üben wir hier in Strukturen, die oft vorkommen. Eine etwas knifflige Übung, aber Sie schaffen das sicher!

3. Setzen Sie die Verben ein!

postati – odkrivati – miniti – manjkati – poznati

1. Leto hitro __________ .
2. On __________ moj prijatelj.
3. Peter je včeraj __________ v šoli.
4. Mojca ne __________ tvojega prijatelja.
5. A ste v tem letu __________ Slovenijo?

Ein slowenisch-deutsches Vokabel-Ping-Pong. Was passt zusammen?

4. Kurz und bündig

1. hitro
2. skoraj
3. saj
4. zdaj

a ☐ fast
b ☐ jetzt
c ☐ schnell
d ☐ doch

Die Sloweninnen sollen hochleben! Das hat bereits France Prešeren in einem Gedicht gefordert. Ergänzen Sie hier mit dem richtigen Buchstaben das weibliche Pendant!

5. Es geht nicht ohne die Frauen

*Slovenec – Sloven**ka***

1. Slovenec – Sloven__a
2. Avstrijec – Avstrij__a
3. Anglež – Angleži__ja
4. Rus – Rusi__ja
5. Hrvat – Hrvati__a

Zgleda dobro

20 B

116

služba	Arbeitsplatz, -stelle
zgleda	es sieht aus
najprej	zuerst
septembra	im September
obisk	Besuch
zadnji, zadnja, zadnje	letzter
vse	alle
kolegica	Kollegin
kolega	Kollege
pijača	Getränk

■ A že veš, če boš dobil službo v Sloveniji?	Weißt du schon, ob du eine Stelle in Slowenien bekommst?
● Zgleda dobro. Najprej pa bom šel na dopust z Liso.	Es sieht gut aus. Zuerst aber werde ich mit Lisa auf Urlaub gehen.
■ In potem pridemo septembra na sestanek na Dunaj.	Und dann kommen wir im September zur Sitzung nach Wien.
● Se že veselim tvojega obiska!	Ich freue mich schon auf deinen Besuch!
■ Jutri je tvoj zadnji dan?	Morgen ist dein letzter Tag?
● Ja, in jutri zvečer vabim vse kolegice in kolege v bar na pijačo.	Ja, und morgen Abend lade ich alle Kolleginnen und Kollegen in die Bar zu einem Getränk ein.
■ Z veseljem pridem!	Ich komme gerne!

Verbeninfo
zgledati, zgledam
(aussehen, ich sehe aus)

Nicht verwechseln!
naprej (weiter)
najprej (zuerst)

***meseci* (Monate)**

januar	(Januar)
februar	(Februar)
marec	(März)
april	(April)
maj	(Mai)
junij	(Juni)
julij	(Juli)
avgust	(August)
september	(September)
oktober	(Oktober)
november	(November)
december	(Dezember)

***kdaj?* (wann?)**

*januar**ja***	(im Januar)
*februar**ja***	(im Februar)
*marc**a***	(im März)
*april**a***	(im April)
*maj**a***	(im Mai)
*junij**a***	(im Juni)
*julij**a***	(im Juli)
*avgust**a***	(im August)
*septembr**a***	(im September)
*oktobr**a***	(im Oktober)
*novembr**a***	(im November)
*decembr**a***	(im Dezember)

*Rojstni dan imam **petega decembra.***
(**Am 5. Dezember** habe ich Geburtstag.)

Übungen

Man soll die Feste feiern, wie sie fallen! In welchem Monat gibt es die nächste Geburtstagsfeier?

1. Wann hast du Geburtstag?

117

*Rojstni dan imam **januarja**.*

1. januar
2. februar
3. marec
4. april
5. maj
6. junij
7. julij
8. avgust
9. september
10. oktober
11. november
12. december

Lesen Sie noch einmal den Dialog B, wenn Ihnen die Antworten auf die Fragen nicht gleich einfallen!

2. Was passiert demnächst?

1. A bo Robert dobil službo?
2. Kam bo šel z Liso?
3. Kdo bo prišel na Dunaj?
4. Kdaj bo povabil prijatelje na pijačo?

Kreuzen Sie richtig an, um pünktlich am Ort sein!

3. Auf Deutsch?

1. najprej — a ☐ dann; b ☐ zuerst
2. potem — a ☐ dann; b ☐ weiter
3. jutri zvečer — a ☐ gestern früh; b ☐ morgen Abend
4. naprej — a ☐ zuerst; b ☐ weiter

Wählen Sie den richtigen Glückwunsch zum Feiertag!
d) *živel* (es lebe)

4. Gratulation

1. 1. maj
2. 1. januar
3. rojstni dan
4. 25. december
5. marec, april

a ☐ Vesel božič!
b ☐ Vesele velikončne praznike!
c ☐ Srečno novo leto!
d ☐ Živel prvi maj!
e ☐ Vse najboljše za rojstni dan!

Ein wenig Spaß muss sein zum Abschluss! Entwirren Sie die Wörter!

5. Buchstabensuppe

služba

1. Ž B A S L U
2. Č A J A P I
3. B K I S O
4. L A G E K O C I
5. J T R A L P I J E

20

Weiter geht's

Wer sein Slowenisch verbessern möchte, hat viele Möglichkeiten. Im Sommer werden in vielen Orten Slowenisch-Sprachkurse für Anfänger und Fortgeschrittene angeboten. Eine weitere Möglichkeit ist, mit einem Slowenen ein Tandem zu bilden, nach dem Motto: Tausche Deutsch- gegen Slowenischtipps! Mit der heutigen Technik können Sie auch in Hamburg sitzen und mit jemandem in Koper Mails austauschen oder per Internet-Telefonie plaudern. Slowenische Radioprogramme bieten für jeden Geschmack etwas und kommen per Livestream auch zu Ihnen ins Haus. Ausländische Filme sind zwar nicht synchronisiert, aber so können Sie zumindest auch Ihre anderen Fremdsprachenkenntnisse trainieren. Im Ausland sind slowenische Filme in den Kinos eher selten zu sehen. Inzwischen bekommt man aber viele slowenische Filmklassiker und Kinderfilme auf DVD (mit englischen Untertiteln). Zeitungen sind online abrufbar, oder Sie decken sich beim nächsten Slowenienbesuch mit Zeitungen und Zeitschriften ein. Gibt es in Ihrer Stadt eine größere Slowenen-Community, dann gibt es sicher auch einen Verein – vielleicht sogar mit einer kleinen Bibliothek. In Österreich kann man auch ganz einfach mit den Organisationen der slowenischsprachigen Minderheit Kontakt aufnehmen. Durchforsten Sie mal die sozialen Netzwerke! Da werden Sie sicher bald auf *„Slovenci v …"* stoßen. In diesen Gruppen findet sich vielleicht auch eine günstige Mitfahrgelegenheit nach Ljubljana, Maribor oder Ptuj. Im Land selber lernt man natürlich am besten – so wie Robert.

Radiotelevizija Slovenija
(Radio Fernsehen Slowenien = RTV SLO = Slowenischer Rundfunk)

***spored* (Programm)**
TV Slovenija 1
TV Slovenija 2
TV Slovenija 3
TV Koper
TV Maribor
***radio* (Radio)**
Prvi program (Infos)
Val 202 (Unterhaltung)
Ars (Kultur)
Radio Maribor
Radio Koper
Radio Capodistria

Slowenische Tageszeitungen
Večer (Der Abend)
Delo (Die Arbeit)
Dnevnik (Tagblatt)
Slovenske novice (Slowenische Nachrichten)
Primorski dnevnik (Küstenländisches Tagblatt) Slowenischsprachige Tageszeitung im italienischen Triest

T Test 5

Landeskundetest! Keine Angst, wir sind nicht in der Schule! Testen Sie sich selbst und schauen Sie, was Sie sich gemerkt haben! Viel Erfolg!

1. Welche Antwort stimmt?

1. In Slowenien sind die Filme ...
   a ☐ immer synchronisiert.
   b ☐ nicht synchronisiert.
   c ☐ oft synchronisiert.
2. *Grem na stranišče* bedeutet ... gehen.
   a ☐ einkaufen
   b ☐ schlafen
   c ☐ aufs WC
3. *Krava* ist ...
   a ☐ eine Kuh.
   b ☐ ein slowenisches Getränk.
   c ☐ ein Kinderbuchheld.
4. Der slowenische Staatsfeiertag ist der ...
   a ☐ 26. Dezember
   b ☐ 25. Juni.
   c ☐ 8. Februar.
5. *Jeruzalem* liegt in Slowenien ...
   a ☐ an der Küste.
   b ☐ in der *Štajerska*.
   c ☐ in den Alpen.
6. Die älteste Weinrebe wächst in ...
   a ☐ Koper.
   b ☐ Maribor.
   c ☐ Jeruzalem.

Diese Übung ist jetzt sicher kein Problem mehr für Sie. Sie haben nämlich fleißig geübt, oder?

2. Fragen und Antworten

1. Kaj piješ?	a ☐ Malo.
2. A govoriš tudi hrvaško?	b ☐ Ne poznam ga.
3. Kdaj greš v Maribor?	c ☐ Dober.
4. Kakšen je golaž?	d ☐ Pred kinom.
5. Poznaš mojega prijatelja?	e ☐ Vino.
6. Kje se dobiva?	f ☐ Jutri zjutraj.

3. Was fehlt?

1. Govorili smo o _______
   a ☐ projekt.
   b ☐ projektu.
   c ☐ projekta.
2. _______ mestom so vinogradi.
   a ☐ Pri
   b ☐ Z
   c ☐ Pred
3. Boste kaj _______?
   a ☐ jedli
   b ☐ jedla
   c ☐ jedel
4. Kupiti _______ kruh.
   a ☐ lahko
   b ☐ morem
   c ☐ moram
5. A sta _______ v šoli?
   a ☐ bile
   b ☐ bil
   c ☐ bili
6. Se dobimo pri _______?
   a ☐ me
   b ☐ meni
   c ☐ mene

Entscheiden Sie sich für das richtige Wort! Holen Sie noch einmal tief Luft, Sie sind bald am Ziel!

4. Wie sagt man das auf Slowenisch?

1. Wie schnell die Zeit vergeht!
2. Ein Jahr in Slowenien!
3. In Slowenien habe ich auch schöne Städte entdeckt.
4. Hier habe ich viele gute Freunde.
5. Bald werden wir uns wieder treffen.
6. Alles Gute!

Mit dieser letzten Überset- zung schwelgen Sie noch einmal in schönen Erinne- rungen und dann müssen Sie sich verabschieden! Sie haben es geschafft! *Čestitamo!* (Wir gratulieren!)

L Lösungsschlüssel

1A Übungen

1. Slowenische Städte **1.** Ljubljana **2.** Celje **3.** Maribor **4.** Črnomelj **5.** Šoštanj **6.** Portorož **7.** Kranj **8.** Sežana **9.** Medvode **10.** Trzin
2. Was passt zusammen? **1.** a **2.** a **3.** a **4.** b **5.** a
3. Verbinden Sie die richtigen Teile! **1.** d **2.** e **3.** b **4.** c **5.** a
4. Was passt zusammen? **1.** d **2.** a **3.** e **4.** b **5.** c
5. Welcher Buchstabe fehlt? **1.** Sre**č**no pot! **2.** **Ž**elite, prosim? **3.** Mese**č**na vinjeta. **4.** **Š**o**š**tanj. **5.** Se**ž**ana. 6. **Č**rnomelj.

1B Übungen

1. Launische Dame **1.** Dobrodo**š**li! **2.** Me veseli, da ste tukaj. **3.** Kako ste? **4.** Hvala, dobro. **5.** In vi? **6.** Tudi dobro. **7.** Dobro govorite slovensko. **8.** Hvala.
2. Slowenische Persönlichkeiten **1.** gospod Slavoj Žižek (Philosoph) **2.** gospod France Prešeren (Dichter) **3.** gospa Tina Maze (Skifahrerin) **4.** gospa Ivana Kobilica (Malerin) **5**. gospod Jurij Vega (Mathematiker) **6.** gospod Vlado Kreslin (Musiker) **7.** gospod Anton Martin Slomšek (Bischof) **8**. gospa Zofka Kveder (Schriftstellerin)
3. Richtige Übersetzung **1.** Dober dan, gospa Novak. **2.** Kako ste? **3.** Hvala, dobro. **4.** Dobro govorite slovensko. **5.** Hvala. Me veseli.
4. Sprachbegabt **1.** Dobro govorite slovensko. **2.** Dobro govorite nemško. **3.** Dobro govorite špansko. **4.** Dobro govorite rusko. **5.** Dobro govorite italijansko. **6.** Dobro govorite srbsko. **7.** Dobro govorite francosko. **8.** Dobro govorite angleško. **9.** Dobro govorite hrvaško. **10.** Dobro govorite madžarsko.
5. Ordnen Sie zu! **1.** d **2.** b **3.** e **4.** a **5**. c

2A Übungen

1. Achten Sie auf die Betonung! **1.** Opr**o**sti! **2.** Oprost**i**te! **3.** Gosp**o**d Lang. **4.** Gosp**a** Lang. **5.** Kak**o** ste? **6.** Hv**a**la, d**o**bro. **7.** Gov**o**rim h**i**tro? **8.** Ja, m**a**lo. **9.** D**o**bro govor**i**te n**e**mško. **10.** To je M**e**tka L**o**gar, naša t**a**jnica.
2. Was passt zusammen? **1.** a **2.** b **3.** a **4.** a **5.** a
3. Neinsager **1.** Ne razumem dobro slovensko. **2.** Ne govoriš hitro. **3.** Ne govorite angleško? **4.** Ne razumete nemško? **5.** Ne razumemo angleško.
4. Und wer sind Sie? **1.** Jaz sem Valerija. **2.** Ti si Peter. **3.** On je Vlado. **4.** Ona je Metka. **5.** Mi smo Ana, Peter in David. **6.** Vi ste gospa Mlakar. **7.** Vi ste gospod Križman. **8.** Oni so Novakovi.
5. Auf Slowenisch **1.** Dobro jutro. Želite, prosim? **2.** Oprostite, ste vi gospa Logar? **3.** Ja, jaz sem Metka Logar **4.** Govorite nemško?

2B Übungen

1. Aus welcher Stadt sind Sie? **1.** Sem iz Maribora. **2.** Sem iz Portoroža. **3.** Sem iz Celja. **4.** Sem iz Črnomlja. **5.** Sem iz Postojne. **6.** Sem iz Ljubljane. **7.** Sem iz Sežane. **8.** Sem iz Krškega. **9.** Sem s Ptuja. **10.** Sem z Dunaja.
2. Was passt zusammen? **1.** b **2.** a **3.** a **4.** b
3. Was fehlt? **1.** je **2.** je **3.** ste **4.** smo **5.** je
4. Woher? **1.** Gospa Križman je iz Slovenije. **2**. Gospod Lang je iz Avstrije. **3.** Klara je iz Nemčije. **4.** Urs je iz Švice. **5.** Jaqueline je iz Francije. **6.** Jack je iz ZDA (= Združenih držav Amerike).

5. Woher? **1.** Ste iz Kranja? **2.** Jaz sem iz Celja. **3.** Ste iz Ljubljane? **4.** Gospod Lang je z Dunaja. **5.** Mi smo iz Maribora.

3A Übungen

1. Sprechen Sie nach! **1.** Dobro jutro. **2.** Kako se pišete? **3.** Pišem se Plečnik. **4.** Kako vam je ime? **5.** Ime mi je Jože.
2. Was passt zusammen? **1.** b **2.** a **3.** b **4.** a **5.** a
3. Ihr oder euer? **1.** vaš **2.** vaš **3.** vaše **4.** vaši **5.** vaš **6.** vaša **7.** vaše **8.** vaša
4. Slowenisches Alphabet A, B, C, Č, D, E, F, G, H, I, J, K, L, M, N, O, P, R, S, Š, T, U, V, Z, Ž
5. Buchstabierrätsel **1.** Nuša Logar **2.** Janez Pogačar **3.** Tržaška cesta **4.** Damijan Kocijančič

3B Übungen

1. Wo ist ...? **1.** Kje je hotel? **2.** Kje je dvigalo? **3.** Kje je restavracija? **4.** Kje je kino? **5.** Kje je bar? **6.** Kje je vaš ključ?
2. Verbinden Sie die richtigen Teile! **1.** b **2.** a **3.** a **4.** a
3. Genderstudies **1.** n (Lift) **2.** m (Bar) **3.** n (Wein) **4.** f (Restaurant) **5.** m (Schlüssel) **6.** m (Herr) **7.** f (Frau) **8.** f (Nacht) **9.** f (Zimmer) **10.** f (Gepäck)
4. Was passt zusammen **1.** c **2.** a **3.** b **4.** e **5.** d
5. Wo ist denn mein Schlüssel? **1.** Oprostite, prosim. Kje je tu dvigalo? **2.** Dvigalo? Tam. **3.** O, hvala lepa. In ključ? **4.** Tu je vaš ključ. Izvolite. **5.** Dobro, najlepša hvala.

4A Übungen

1. Zahlen entziffern **1.** 11 **2.** 2 **3.** 13 **4.** 4 **5.** 12 **6.** 6 **7.** 20 **8.** 8 **9.** 19 **10.** 18
2. Verbinden Sie! **1.** b **2.** b **3.** a **4.** b
3. Pünktlich? **1.** Kommt der Zug aus Maribor am Bahnsteig zwei an? **2.** Ja. Der Zug ist pünktlich. **3.** Der Zug hat 15 Minuten Verspätung. **4.** O, nein! Er hat 20 Minuten Verspätung.
4. Was folgt? **1.** dve – tri – štiri **2.** šest – sedem – osem **3.** devet – deset – enajst **4.** štirinajst – petnajst – šestnajst **5.** osemnajst – devetnajst – dvajset
5. Lücken stopfen **1.** na **2.** z **3.** za **4.** na

4B Übungen

1. Was kostet die Karte? **1.** Vozovnica stane en evro. **2.** Vozovnica stane dva evra. **3.** Vozovnica stane tri evre. **4.** Vozovnica stane štiri evre. **5.** Vozovnica stane pet evrov. **6.** Vozovnica stane sedem evrov. **7.** Vozovnica stane enajst evrov. **8.** Vozovnica stane dvanajst evrov. **9.** Vozovnica stane šestnajst evrov. **10.** Vozovnica stane dvajset evrov.
2. Und was haben Sie bei sich? **1.** Imam čokolado. **2.** Imam evro. **3.** Imam pivo. **4.** Imam ključ. **5.** Imam kartico Urbana. **6.** Imam kovček.
3. Klein, aber fein **1.** Tukaj **2.** kje **3.** pri **4.** Koliko **5.** in
4. Was macht Sinn? **1.** a **2.** b **3.** a **4.** b
5. Danke für ... **1.** Hvala za vozovnico. **2.** Hvala za evro. **3.** Hvala za ključ. **4.** Hvala za vino. **5.** Hvala za razglednico. **6.** Hvala za kokakolo.

T1 Test

1. Welche Antwort stimmt? **1.** b **2.** c **3.** a **4.** b **5.** c **6.** c
2. Fragen und Antworten **1.** b **2.** e **3.** f **4.** a **5.** c **6.** d
3. Was fehlt? **1.** b **2.** c **3.** c **4.** a **5.** b **6.** a
4. Wie sagt man das auf Slowenisch? **1.** Najlepša hvala. **2.** Mesečno vinjeto, prosim. **3.** Srečno pot! **4.** Oprostite! **5.** Hvala za informacije. **6.** Delam v Celju. **7.** Ime mi je... / Jaz sem...

5A Übungen

1. Sie wünschen? **1.** Jabolko, prosim. **2.** Slivo, prosim. **3.** Limono, prosim. **4.** Krompir, prosim. **5.** Korenje, prosim. **6.** Paradižnik, prosim.
2. Ordnen Sie den Dialog! 1 – 5 – 6 – 3 – 4 – 2, es geht auch: 1 – 3 – 6 – 5 – 2 – 4.
3. Auf Slowenisch, bitte! **1.** Dober dan. Želite, prosim? **2.** Koliko stanejo češnje? **3.** Kila stane tri evre šestdeset. Še kaj? **4.** To kumaro, prosim. **5.** Izvolite. **6.** To je vse. **7.** To stane tri evre trideset.
4. Die da! **1.** Ta paradižnik. **2.** Ta sliva. **3.** To vino. **4.** Ta limona. **5.** To sadje. **6.** Ta solata. **7.** Ta krompir. **8.** Ta kruh.
5. So viel Gutes **1.** Mmm, slive! **2.** Mmm, jabolka! **3.** Mmm, jagode! **4.** Mmm, paradižniki! **5.** Mmm, hruške! **6.** Mmm, maline! **7.** Mmm, paprike! **8.** Mmm, kumare!

5B Übungen

1. Brauchtum **1.** Peter potrebuje čokolado. **2.** Potrebujem mleko. **3.** Janez potrebuje kavo. **4.** Mi potrebujemo kruh. **5.** Ana potrebuje robčke. **6.** Lara, Nejc in Tadej potrebujejo vodo.
2. Ich zahle, wir kaufen ... **1.** Jaz plačam kavo. **2.** Mi kupimo vino. **3.** Peter kupi vodo. **4.** Ti plačaš jabolka. **5.** Jaz potrebujem robček. **6.** Oni kupijo paradižnik.
3. Mit oder mit? **1.** s kartico **2.** s čokolado **3.** z avtom **4.** s piškotom **5.** z robčkom
4. Klein, aber fein **1.** Tam/Tukaj je trgovina. **2.** Kaj potrebuješ? **3.** Tam/Tukaj so robčki. **4.** Lahko plačam s kartico? **5.** Še kaj?
5. Was hätten sie denn gern? **1.** Eva bi rada kavo. **2.** Tanja bi rada sok. **3.** Anton bi rad jabolko. **4.** Tina bi rada vino. **5.** Metod bi rad čokolado. **6.** Peter bi rad cockto.

6A Übungen

1. Möchtest du ...? **1.** A bi rdeče vino? **2.** A bi mešano solato? **3.** A bi jabolčni sok? **4.** A bi svinjsko pečenko? **5.** A bi govejo juho? **6.** A bi belo vino? **7.** A bi prekmursko gibanico? **8.** A bi juho z rezanci?
2. Richtig oder falsch? **1.** a **2.** a **3.** a **4.** b
3. Wie gut! **1.** Dober tek! **2.** Hvala enako. To je zelo dobro belo vino. **3.** Ja, in tudi jabolčni sok je dober. **4.** Mešana solata je tudi zelo dobra. **5.** In ta dobra svinjska pečenka, hm.
4. Was passt zusammen? **1.** d **2.** c **3.** e **4.** a **5.** b
5. Was haben Sie gerne? **1.** Rad/-a imam govejo juho. **2.** Rad/-a imam mešano solato. **3.** Rad/-a imam belo vino. **4.** Rad/-a imam svinjsko pečenko. **5.** Rad/-a imam jabolčni sok. **6.** Rad/-a imam rdeče vino.

6B Übungen

1. Küchenlob und Nachschlag **1.** Dobra svinjska pečenka. **2.** Okusen pražen krompir. **3.** Okusna juha. **4.** Okusni mlinci. **5.** Odlična gibanica. **6.** Še svinjske pečenke, prosim. **7.** In še salame, prosim. **8.** Malo solate, prosim. **9.** Malo rdečega vina, prosim. **10.** Malo praženega krompirja, prosim.
2. Darf es ein bisschen mehr sein? **1.** a **2.** b **3.** b **4.** a
3. Viel zu viel **1.** Želite še malo praženega krompirja? **2.** Ne, hvala. Sem že sit/a. **3.** Že? Ampak to še ni preveč za vas. **4.** Ja, ja. To je že preveč! **5.** O, ne. Ste res siti?
4. Lücken stopfen **1.** d **2.** a **3.** e **4.** c **5.** b
5. Ein köstliches Sonntagsessen **1.** **S**vinjska **2.** Jabolčni **3.** Mešana **4.** Belo/Rdeče **5.** Goveja

7A Übungen

1. Kannst du mir das geben? **1.** A mi lahko daš svoj list? **2.** A mi lahko daš svoj telefon? **3.** A mi lahko daš svoj kuli? **4.** A mi lahko daš svojo radirko? **5.** A mi lahko daš svojo telefonsko številko? **6.** A mi lahko daš svoj elektronski naslov?

2. Telefonnummern 1. Marija ima telefonsko številko ena tri dve – nič ena nič **2.** Gospod Markovič ima telefonsko številko devet pet šest – sedem dve osem **3.** Janez ima telefonsko številko tri osem pet – šest sedem devet. **4.** Direktor ima telefonsko številko dve sedem tri – osem devet pet. **5.** Tajnica Vera Koletnik ima telefonsko številko osem sedem devet – šest dve devet.
3. E-Mail-Adressen 1. David pika Križman afna dobra tehnika pika si **2.** Miha črtica spodaj Kopitar osem pet afna gmail pika com **3.** Ana pika Logar minus Klemenčič afna guest pika arnes pika si **4.** Robert pika Lang afna gutetechnik pika at **5.** Thomas minus Huber afna yahoo pika de
4. Wer gibt was? 1. daste **2.** daš **3.** dam **4.** daste **5.** dajo
5. Werben für die Verben 1. daš/poveš **2.** pokličem **3.** greste **4.** tipkam **5.** poveste/daste **6.** pišete

7B Übungen

1. Wie viel Uhr ist es offiziell? 1. Ura je šest. **2.** Ura je osem in ena minuta. **3.** Ura je devet in dve minuti. **4.** Ura je deset in tri minute. **5.** Ura je enajst in štiri minute. **6.** Ura je dvanajst in pet minut. **7.** Ura je štirinajst in šest minut. **8.** Ura je petnajst in sedem minut. **9.** Ura je sedemnajst in enajst minut. **10.** Ura je dvajset in osemnajst minut.
2. Was passt zusammen? 1. b **2.** a **3.** b **4.** b
3. Entschuldigen Sie, wie spät ist es? 1. Ura je pol dveh. **2.** Ura je sedem. **3.** Ura je pet minut do devetih. **4.** Ura je deset čez tri. **5.** Ura je četrt na eno.
4. Wann? 1. Ob enih. **2.** Ob dveh. **3.** Ob treh. **4.** Ob štirih. **5.** Ob petih. **6.** Ob šestih. **7.** Ob sedmih. **8.** Ob osmih. **9.** Ob devetih. **10.** Ob desetih. **11.** Ob enajstih. **12.** Ob dvanajstih.
5. Terminkalender 1. Sestanek je ob desetih. **2.** Ob pol enih gremo na kosilo. **3.** Ob četrt na pet moram iti domov. **4.** Jutri se dobimo ob deset do dvanajstih **5.** Vlak pride ob trinajstih in sedemnajst minut.

8A Übungen

1. Können Sie addieren? 1. Trideset plus štirideset je sedemdeset. **2.** Petdeset plus šestdeset je sto deset. **3.** Osemdeset plus dvesto dvajset je tristo. **4.** Devetdeset plus štiristo trideset je petsto dvajset. **5.** Tristo trideset plus šeststo šestdeset je devetsto devetdeset. **6.** Enaindvajset plus dvaintrideset je triinpetdeset. **7.** Štirindvajset plus petinštirideset je devetinšestdeset. **8.** Osemintrideset plus petintrideset je triinsedemdeset. **9.** Enainštirideset plus sedeminštirideset je oseminosemdeset. **10.** Oseminšestdeset plus enaintrideset je devetindevetdeset.
2. Was ist richtig? 1. b **2.** a **3.** a **4.** b
3. In der Damenabteilung 1. Koliko stane krilo? **2.** A imate številko osemintrideset? **3.** Krilo je premajhno. **4.** To krilo mi odlično pristaja. **5.** Koliko stanejo kavbojke?
4. Was gehört zusammen? 1. c **2.** a **3.** b **4.** e **5.** d
5. An der Kasse 1. To stane 101 sto en evro. **2.** To stane 302 tristo dva evra. **3.** To stane 403 štiristo tri evre. **4.** To stane 504 petsto štiri evre. **5.** To stane 705 sedemsto pet evrov. **6.** To stane 806 osemsto šest evrov. **7.** To stane 533 petsto triintrideset evrov. **8.** To stane 456 štiristo šestin-petdeset evrov. **9.** To stane 600 šeststo evrov. **10.** To stane 999 devetsto devetindevetdeset evrov.

8B Übungen

1. Was haben sie gekauft? 1. Peter je kupil kavbojke. **2.** Tanja je kupila kavbojke. **3.** Metka je kupila kavbojke. **4.** Robert je kupil kavbojke. **5.** Tajnica je kupila kavbojke. **6.** Direktor je kupil kavbojke. **7.** Gospa Logar je kupila kavbojke. **8.** Gospod Križman je kupil kavbojke.
2. Endung gut, alles gut 1. b **2.** a **3.** a **4.** b
3. Wer hat was gekauft? 1. Kupila je šal. **2.** Peter je dobil nove kavbojke. **3.** Kupil/a sem lepo kravato. **4.** David je potreboval nove čevlje. **5.** In kaj si ti kupil/-a?
4. Was hat Lisa gemacht? 1. b **2.** d **3.** e **4.** c **5.** a

5. In der Boutique **1.** Všeč mi je pisano krilo. **2.** Všeč so mi rdeče nogavice. **3.** Všeč mi je premajhen pulover. **4.** Všeč so mi vaše hlače. **5.** Všeč mi je pisana jakna. **6.** Všeč mi je bela majica. **7.** Všeč so mi novi čevlji. **8.** Všeč mi je lep šal.

T2 Test

1. Welche Antwort stimmt? **1.** c **2.** b **3.** a **4.** c **5.** c **6.** a
2. Fragen und Antworten **1.** d **2.** a **3.** f **4.** e **5.** b **6.** c
3. Was fehlt? **1.** a **2.** b **3.** b **4.** c **5.** a **6.** c
4. Wie sagt man das auf Slowenisch? **1.** Koliko stanejo češnje? **2.** Dober tek! **3.** Hvala enako. **4.** Ob treh. **5.** Ob pol dveh. **6.** Kupila je šal. **7.** Dvainpetdeset evrov.

9A Übungen

1. Das Ganze mal zwei, bitte! **1.** Dve osebi. **2.** Dva vlaka. **3.** Dve letali. **4.** Dva otroka. **5.** Dve vozovnici. **6.** Dve cockti. **7.** Dva slovarja. **8.** Dva koša. **9.** Dve uri. **10.** Dve krili.
2. Wohin geht's heute? **1.** na plažo **2.** v Koper **3.** v trgovino **4.** na morje **5.** v kino
3. Doppelpack **1.** Dve povratni vozovnici za Maribor, prosim. **2.** Koliko staneta? **3.** Nista dragi. **4.** In še dva evra popusta na osebo. **5.** Odlično!
4. Welche Präposition gehört wohin? **1.** b **2.** a **3.** d **4.** e **5.** c
5. Bist du nicht zu Hause? **1.** Nisem doma. **2.** Niso doma. **3.** Niste doma. **4.** Ni doma. **5.** Ni doma. **6.** Nisi doma.

9B Übungen

1. Wo? **1.** V torbi. **2.** Na morju. **3.** V Avstriji. **4.** V pisarni. **5.** V Sloveniji. **6.** V košu. **7.** V trgovini. **8.** V Celju. **9.** V Kranju. **10.** V Nemčiji.
2. Ich bin am Strand **1.** Sem na plaži. **2.** Robert je na Dunaju. **3.** Lisa je na morju. **4.** Tajnica je na postaji. **5.** Direktor je na vlaku. **6.** Knjiga je na brisači. **7.** Študent je na univerzi. **8.** Prijatelji so na Obali. **9.** Nina in Gregor sta na dopustu. **10.** Družina Markovec je na Ptuju.
3. Wie war der Tag? **1.** Končno sva doma. **2.** Moja torba je še v dvigalu. **3.** Bil je tako lep dan./ Dan je bil tako lep. **4.** Bila sva na morju. **5.** Moja očala so ostala doma.
4. Antworten Sie auf die Fragen! **1.** c **2.** d **3.** e **4.** b **5.** a **6.** f
5. Was machen wir zu zweit? **1.** Piševa razglednico. **2.** Jeva kosilo. **3.** Gledava televizijo. **4.** Greva na morje. **5.** Imava otroka.

10A Übungen

1. Ich bin allergisch auf ... **1.** Alergičen sem na penicilin. **2.** Alergičen sem na mleko. **3.** Alergičen sem na sonce. **4.** Alergičen sem na osji pik. **5.** Alergičen sem na jagode. **6.** Alergičen sem na belo moko. **7.** Alergičen sem na oreške. **8.** Alergičen sem na cvetni prah.
2. Ordnen Sie den Dialog! 2 – 1 – 4 – 3, es geht auch: 2 – 1 – 3 – 4
3. Wohin gehst du? **1.** Grem k zdravniku. **2.** Grem k zobozdravniku. **3.** Grem k frizerki. **4.** Grem k avtomehaniku. **5.** Grem domov. **6.** Grem k zdravnici. **7.** Grem k tajnici. **8.** Grem k direktorju.
4. Wohin mit diesen kleinen Wörtern? **1.** c **2.** d **3.** e **4.** a **5.** b
5. Autsch! **1.** Komar me je pičil. **2.** Tako me srbi! **3.** Potrebujem mazilo. **4.** Grem v lekarno. **5.** Alergičen/Alergična sem na osji pik.

10B Übungen

1. Tu dieses und jenes! **1.** Pij veliko vode. **2.** Ostani doma. **3.** Pojdi k zdravniku. **4.** Vzemi tableto. **5.** Leži v postelji. **6.** Počivaj.
2. Mir ist soooo übel! **1.** Slabo mi je. **2.** Imam tudi vročino. **3.** Tudi glava me boli. **4.** Vse me boli. **5.** Moram k zdravniku.

3. Was tut Ihnen weh? 1. Glava me boli. **2.** Zob me boli. **3.** Grlo me boli. **4.** Hrbet me boli. **5.** Trebuh me boli. **6.** Noga me boli. **7.** Roka me boli. **8.** Desno uho me boli.
4. Was setzen Sie wo ein? 1. d **2.** c **3.** b **4.** e **5.** a
5. Was empfehlen Sie? 1. Vzemi tableto! **2.** Pojdi k zobozdravnku! **3.** Pij vodo! **4.** Počivaj! **5.** Ostani doma! **6.** Počivaj in ostani doma!

11A Übungen

1. Wohin am Abend? 1. Borut, a bi šel v kino? **2.** Vera, a bi šla v gledališče? **3.** A bi vi šli na koncert? **4.** Aljaž, a bi šel na tekmo? **5.** Nina, a bi šla na razstavo? **6.** Maja, a bi šla v trgovino? **7.** Peter, a bi šel domov? **8.** Marko, a bi šel k prijatelju? **9.** Gospod direktor, a bi šli na sestanek? **10.** David, a bi šel na pijačo?
2. Kleine Nuancen 1. b **2.** a **3.** a **4.** b
3. Lust auf einen Kaffee? 1. A greva danes na kavo? **2.** Ja, z veseljem. **3.** Kam pa? **4.** V centru je nov bar. **5.** V redu. Ob treh v mestu.
4. Was passt zusammen? 1. e/a **2.** a/e **3.** d **4.** b **5.** c
5. Gestern, heute oder doch morgen? 1. zvečer **2.** danes/zdaj/zvečer/jutri **3.** jutri/zvečer/danes/zdaj **4.** zvečer/danes/jutri

11B Übungen

1. Zum ersten Mal 1. prvi poljub **2.** prvi sestanek **3.** prvi otrok **4.** prvi sodelavec **5.** prva beseda **6.** prvo stanovanje **7.** prvi hotel **8.** prva čokolada
2. Wie war das noch? 1. a **2.** a **3.** b **4.** a
3. An der Konzertkasse 1. Danes zvečer bo koncert. **2.** Imate še vstopnice? **3.** Rada bi imela/Rad bi imel dve v tretji vrsti. **4.** Vstopnice so samo še za deseto vrsto. **5.** Vzel/Vzela bom dve v deseti vrsti.
4. Wann? 1. večer **2.** zvečer/jutri/zjutraj **3.** zjutraj/zvečer **4.** zvečer/zjutraj/jutri
5. Zukunftsmusik 1. Jutri bom šel/šla na koncert. **2.** Jutri bo direktor šel v gledališče. **3.** Jutri boste šli v kino. **4.** Jutri bo Petra šla domov. **5.** Jutri bo tajnica šla na sestanek. **6.** Jutri bo Matej šel na kavo.

12A Übungen

1. Was nimmst du mit? 1. S sabo bom vzel/a žogo. **2.** S sabo bom vzel/a vodo. **3.** S sabo bom vzel/a torbo. **4.** S sabo bom vzel/a robčke. **5.** S sabo bom vzel/a kuli. **6.** S sabo bom vzel/a računalnik. **7.** S sabo bom vzel/a slovar. **8.** S sabo bom vzel/a mazilo. **9.** S sabo bom vzel/a tablete. **10.** S sabo bom vzel/a čokolado.
2. Was passt zusammen? 1. d **2.** a **3.** c **4.** b
3. Was machen Sie in Ihrer Freizeit? 1. košarko **2.** računalniške igrice **3.** nogomet **4.** klavir **5.** šah **6.** odbojko
4. Aus groß mach klein! 1. Tam je moja mamica. **2.** A si za kavico? **3.** Kje je moja torbica? **4.** Tukaj je tvoja hišica. **5.** Kam je šla Evica?
5. Die lieben Kleinen 1. Die Kinder sind brav. **2.** Die Kinder sind nicht zu Hause. **3.** Den Kindern hat sie ein Eis gekauft. **4.** Sie hat Kinder gern. **5.** Wir reden über die Kinder. **6.** Mit den Kindern gehen wir zum Spielplatz.

12B Übungen

1. Wie? 1. Kakšen je učitelj? **2.** Kakšno je belo vino? **3.** Kakšen je sladoled? **4.** Kakšna je knjiga? **5.** Kakšna je nemščina? **6.** Kakšno je igrišče? **7.** Kakšna je Slovenija? **8.** Kakšen je slovenski nogomet?
2. Warum nicht? 1. Ker sem bolan./Ker je vikend. / Ker igram računalniške igrice. **2.** Ker ne znam.

3. Ker je vikend. / Ker ne znam. / Ker sem bolan. / Ker igram računalniške igrice. **4.** Ker ne znam. / Ker sem bolan. / Ker igram računalniške igrice.

3. Verschult **1.** šolske počitnice **2.** šolska torba **3.** šolski avtobus **4.** šolski center **5.** šolska ulica

4. Wie war's? **1.** Kar v redu. **2.** Dobro. **3.** Gre. **4.** Slabo. **5.** Odlično.

5. Lieblingsfächer **1.** Najraje sem imel/-a matematiko. **2.** Najraje sem imel/-a slovenščino. **3.** Najraje sem imel/-a telovadbo. **4.** Najraje sem imel/-a fiziko. **5.** Najraje sem imel/-a zgodovino.

T3 Test

1. Welche Antwort stimmt? **1.** b **2.** b **3.** a **4.** c **5.** a **6.** b

2. Fragen und Antworten **1.** e **2.** c **3.** f **4.** a **5.** d **6.** b

3. Was fehlt? **1.** b **2.** a **3.** a **4.** c **5.** a **6.** c

4. Wie sagt man das auf Slowenisch? **1.** Dve povratni vozovnici, prosim. **2.** Končno sva v Kopru. **3.** Glava me boli. **4.** Vzemite tableto! **5.** Gremo juti zvečer ven? **6.** Šla/Šel bi na koncert. **7.** Kupil/Vzel bo dve vstopnici.

13A Übungen

1. Ich würde gerne ... **1.** Rad/-a bi bral/-a slovensko knjigo. **2.** Rad/-a bi gledal/-a televizijo. **3.** Rad/-a bi govoril/-a slovensko. **4.** Rad/-a bi šel/šla na kavo. **5.** Rad/-a bi kupil/-a nov avto. **6.** Rad/-a bi imel/-a sončna očala. **7.** Rad/-a bi igral/-a šah. **8.** Rad/-a bi razumel/-a slovnico.

2. Wie lautet die passende Antwort? **1.** b **2.** a **3.** b **4.** a

3. Leseabend **1.** Danes sem kupil/kupila knjigo. **2.** Rad/Rada berem klasično literaturo. **3.** Ampak berem vedno zvečer. **4.** Knjigo berem v slovenščini.

4. Was gehört zusammen? **1.** b **2.** c **3.** d **4.** a

5. Was liest du gerne? **1.** sodobno literaturo **2.** otroško literaturo **3.** klasično literaturo **4.** stripe **5.** časopis **6.** slovensko literaturo **7.** nemško literaturo

13B Übungen

1. Schau mal! **1.** Poglej na internet! **2.** Poglej na televizijo! **3.** Poglej v knjigarno! **4.** Poglej v torbo! **5.** Poglej v sobo! **6.** Poglej v slovar! **7.** Poglej na koledar! **8.** Poglej na tablo!

2. Schon gefunden? **1.** b **2.** a **3.** a **4.** a

3. Auf ins Antiquariat! **1.** Bil/Bila sem v antikvariatu. **2.** Kupil/kupila sem slovensko knjigo. **3.** Knjiga je bila poceni. **4.** Kupil/kupila sem tudi knjigo v angleščini.

4. Wer liest was? **1.** a / b / c / d **2.** c/a **3.** a / b / c / d **4.** d

5. Hin und weg **1.** Obožujem klasično glasbo. **2.** A obožuješ nogomet? **3.** Ana obožuje sodobno glasbo. **4.** Obožujeva klasično literaturo. **5.** A obožujeta fransocki sir? **6.** Peter in Petra obožujeta gledališče. **7.** Obožujemo slovensko vino.

14A Übungen

1. Wettervorhersage **1.** Jutri bo sončno. **2.** Jutri bo oblačno. **3.** Jutri bo megleno. **4.** Jutri bo deževno. **5.** Jutri bo vetrovno. **6.** Jutri bo soparno. **7.** Jutri bo vroče. **8.** Jutri bo mrzlo. **9.** Jutri bo hladno. **10.** Jutri bo toplo.

2. Kleine Wörtchen, große Wirkung **1.** a **2.** a **3.** b **4.** a

3. Einfach nur schön **1.** lepa **2.** lepo **3.** lep **4.** lepo **5.** lep

4. Der Berg ruft **1.** Jutri bo sončno in toplo. **2.** Zvečer bojo nevihte. **3.** Ampak greva na izlet./ Šla bova na izlet. **4.** Greva v hribe./Šla bova v hribe.

5. Wie ist das Wetter? **1.** Dežuje. **2.** Piha. **3.** Sneži. **4.** Sončno je. **5.** Oblačno je.

14B Übungen

1. Wie hoch sind die Berge? **1.** Triglav je visok dva tisoč osemsto štiriinšestdeset metrov. **2.** Škrlatica je visoka dva tisoč sedemsto štirideset metrov. **3.** Mangart je visok dva tisoč šeststo sedeminsedemdeset metrov. **4.** Jalovec je visok dva tisoč šeststo petinštirideset metrov. **5.** Razor je visok dva tisoč šeststo dva metra. **6.** Skuta je visoka dva tisoč petsto dvaintrideset metrov.
2. Ein bisschen angeben **1.** najvišja gora **2.** največje jezero **3.** najmanjši otrok **4.** najnižja cena
3. Zum Vergleich **1.** višji **2.** nižja **3.** večja **4.** manjši **5.** večji **6.** manjša
4. Wissen Sie noch? **1.** Na Veliki planini. **2.** Triglav. **3.** 2864 metrov. **4.** Lisa. **5.** Ja. **6.** Dobro malico.
5. Geht's gut? **1.** hodiš **2.** hodite **3.** hodiš **4.** hodi

15A Übungen

1. Wochenplan **1.** V ponedeljek grem k Petru. **2.** V torek imam sestanek. **3.** V sredo grem v gledališče. **4.** V četrtek grem na večerjo. **5.** V petek moram v knjižnico. **6.** V soboto grem na izlet v Prekmurje. **7.** V nedeljo berem knjigo.
2. Was passt zusammen? **1.** a **2.** b **3.** a **4.** a
3. Die nächsten Geburtstage **1.** Moj oče praznuje šestdeseti rojstni dan. **2.** Moja mama praznuje oseminpetdeseti rojstni dan. **3.** Moja sestra praznuje sedemintrideseti rojstni dan. **4.** Moj sin praznuje prvi rojstni dan. **5.** Moja hčerka praznuje peti rojstni dan.
4. Kleine Geburtstagsfeier **1.** V sredo imamo zabavo. **2.** Sodelavec prazuje petinštirideseti rojstni dan. **3.** Praznovali bomo ob pol enih. **4.** Kupili smo lepo darilo. **5.** Dobil bo novo torbo.
5. Mein, dein, unser? **1.** Njena **2.** Njegov **3.** Moj **4.** vaš **5.** Tvoje

15B Übungen

1. Wessen Sachen sind das? **1.** To je Verina torba. **2.** To je Suzanin plašč. **3.** To je Romanina jakna. **4.** To je Valentinina ruta. **5.** To je Špelino darilo. **6.** To je Matjažev ključ. **7.** To je Borutov fotoaparat. **8.** To je Romanov pulover. **9.** To je Robertov šal. **10.** To je Aleševa kravata.
2. Richtig oder falsch? **1.** a **2.** a **3.** b **4.** a
3. Es wird groß gefeiert **1.** Na zabavo pridejo sorodniki in prijatelji. **2.** Povabil/Povabila sem tudi nečake in nečakinje. **3.** Praznoval/Praznovala bom štirideseti rojstni dan. **4.** Zabava bo v gostilni. **5.** Zvečer bomo še plesali.
4. Verwandtschaftliche Gleichungen **1.** c **2.** a **3.** d **4.** e **5.** b
5. Treffen **1.** Videla sem Petra. **2.** Videl sem Marjana. **3.** Videla sem otroka. **4.** Videl sem Matjaža. **5.** Videla sem mačka. **6.** Videl sem brata.

16A Übungen

1. Wie oft? **1.** Vedno smučam. **2.** Ponavadi smučam. **3.** Redko smučam. **4.** Včasih smučam.
2. Kombinierer **1.** c/b **2.** d **3.** a/d **4.** b
3. Worauf freuen Sie sich? **1.** Veselim se dopusta. **2.** Veselim se počitnic. **3.** Veselim se zabave. **4.** Veselim se izleta. **5.** Veselim se srečanja.
4. Sportler der Saison **1.** d **2.** e **3.** b **4.** c **5.** a
5. Niemals nie **1.** Peter nikoli ne borda. **2.** Jožica nikoli ne gre v knjižnico. **3.** Mateja nikoli ne smuča. **4.** Susi nikoli ne gre v kino. **5.** Gorazd nikoli ne hodi v šolo.

16B Übungen

1. Farbenfroh **1.** Sneg je bel. **2.** Kuhano vino je rdeče. **3.** Čelada je črna. **4.** Proga je modra. **5.** Bord je zelen. **6.** Smuči so rumene. **7.** Dan je siv. **8.** Avto je rjav.
2. Skihäschen und Pistensau **1.** a **2.** a **3.** b **4.** b

3. Nur für Frauen **1.** Medve smučava. **2.** One bordajo. **3.** Onidve gresta na sprehod. **4.** Me uživamo. **5.** One grejo na kavo. **6.** Gresta vedve v trgovino? **7.** Ve smučate? **8.** Medve greva na morje.
4. Die Tina ist prima **1.** To je moja punca Tina. **2.** Ima lepe zelene oči. **3.** Pogosto hodiva na zimske počitnice. **4.** Ampak ona nikoli ne smuča. **5.** Raje je samo na soncu. **6.** Rad jo imam.
5. Winterurlaub? Herrlich! **1.** greva **2.** uživata **3.** smučate **4.** bordava

T4 Test

1. Welche Antwort stimmt? **1.** c **2.** a **3.** a **4.** b **5.** c **6.** a
2. Fragen und Antworten **1.** c **2.** f **3.** a **4.** e **5.** b **6.** d
3. Was fehlt? **1.** c **2.** c **3.** b **4.** a **5.** a **6.** a
4. Wie sagt man das auf Slowenisch? **1.** Danes sem kupil/kupila knjigo. **2.** Zelo rad/-a berem. **3.** Jutri bo sončno in toplo. **4.** Šel/Šla bom v hribe. **5.** Zelo se veselim! **6.** Knjigo lahko berem tudi v planinski koči. **7.** To bo lepo!

17A Übungen

1. In welcher Sprache? **1.** Sestanek bo v angleščini. **2.** Sestanek bo v nemščini. **3.** Sestanek bo v italijanščini. **4.** Sestanek bo v francoščini. **5.** Sestanek bo v slovenščini. **6.** Sestanek bo v hrvaščini. **7.** Sestanek bo v španščini. **8.** Sestanek bo v madžarščini. **9.** Sestanek bo v srbščini. **10.** Sestanek bo v ruščini.
2. Zum Interview, bitte! **1.** Iz Hrvaške in Srbije. **2.** V angleščini. **3.** David. **4.** Ja.
3. Beidseitig **1.** oba jezika **2.** obe knjigi **3.** oba sestanka **4.** obe mesti **5.** oba partnerja
4. Partnersuche **1.** c **2.** d **3.** a **4.** b
5. Ich hätte da mal 'ne Frage **1.** Kako/A/Kaj/Kje/Zakaj/Kdaj **2.** Kam/A/Kdaj/Zakaj/Od kod/Kako **3.** Od kod/Kdo/Kaj 4. A/Zakaj **5.** Koliko **6.** Kdaj/Kako/A/Kam/Zakaj **7.** Kje/Kako/Zakaj **8.** Kaj/Kje/Kdaj/Zakaj/Kako/A **9.** Kdo/Od kod/Kako/Kje/A/Kaj **10.** Zakaj/A/Kdaj/Kje

17B Übungen

1. Gesprächsthemen **1.** Veliko smo govorili o vojni. **2.** Veliko smo govorili o zgodovini. **3.** Veliko smo govorili o Ljubljani. **4.** Veliko smo govorili o slovenščini. **5.** Veliko smo govorili o otrocih. **6.** Veliko smo govorili o učiteljici. **7.** Veliko smo govorili o šoli. **8.** Veliko smo govorili o direktorju. **9.** Veliko smo govorili o projektu. **10.** Veliko smo govorili o podjetju.
2. Na, aufgepasst? **1.** a **2.** b **3.** b **4.** a
3. Gute Partner, gutes Geschäft **1.** V podjetju so tudi dobri partnerji. **2.** Veliko sem izvedel. **3.** Tudi diskusija je bila zanimiva. **4.** Zdaj razumem moje partnerje.
4. Interessante Sachen **1.** zanimiva **2.** zanimivi **3.** zanimivem **4.** zanimiv
5. Spaß mit dass **1.** Videl sem, da ste šli v kino. **2.** Videl sem, da ste bili doma. **3.** Videl sem, da ste razlagali. **4.** Videl sem, da ste pisali razglednico. **5.** Videl sem, da ste se pogovarjali.

18A Übungen

1. Wo treffen wir uns? **1.** Dobimo se pred kinom. **2.** Dobimo se pred gledališčem. **3.** Dobimo se pred knjigarno. **4.** Dobimo se pred trgovino. **5.** Dobimo se pred avtom. **6.** Dobimo se pred hotelom. **7.** Dobimo se pred dvigalom. **8.** Dobimo se pred garažo.
2. Wie geht's richtig weiter? **1.** b **2.** a **3.** a **4.** b
3. Wo hast du dein Auto geparkt? **1.** Za hišo. **2.** Za muzejem. **3.** Za blokom. **4.** Za šolo. **5.** Za bolnišnico. **6.** Za lekarno. **7.** Za gledališčem. **8.** Za železniško postajo.
4. Kurz und bündig **1.** d **2.** c **3.** b **4.** a
5. Mit wem geht's nach Maribor? **1.** z mamo, z njo **2.** s Petrom, z njim **3.** z direktorjem, z njim **4.** z dedkom, z njim **5.** s prijateljem, z njim **6.** s tabo **7.** z mano **8.** z gospo Novak, z njo **9.** z gospodom Bregarjem, z njim **10.** s Petrom, z Moniko, z Majo, z njimi

18B Übungen

1. Unser, euer, ihr? 1. Naša hiša je velika. **2.** Vaša knjiga je zanimiva. **3.** Vaš sodelavec je simpatičen. **4.** Njihov prijatelj je mlad. **5.** Naše vino je dobro. **6.** Naš hotel je nov. **7.** Njihova vinska klet je stara. **8.** Vaša soba je velika. **9.** Naša kmetija je majhna. **10.** Njihov avto je bel.
2. Fragestunde 1. a **2.** b **3.** a **4.** a **5.** a
3. Welcher Buchstabe fehlt? 1. c **2.** t **3.** š **4.** h **5.** t
4. Frühstück am Abend? 1. zajtrk **2.** večerja **3.** klet **4.** kuhinja
5. Lückenfüller 1. na **2.** v **3.** z **4.** v

19A Übungen

1. Danke, brauche ich nicht! 1. Ne potrebujem mehanika. **2.** Ne potrebujem Franca. **3.** Ne potrebujem zdravnika. **4.** Ne potrebujem avta. **5.** Ne potrebujem vozovnice. **6.** Ne potrebujem tajnice. **7.** Ne potrebujem tablete. **8.** Ne potrebujem prijateljice. **9.** Ne potrebujem kave. **10.** Ne potrebujem Ane.
2. Das müssen Sie können! 1. a **2.** b **3.** b **4.** a
3. Tagtäglich 1. Vsak dan moram iti v službo. **2.** Vsak dan moram piti kavo. **3.** Vsak dan moram kupiti kruh. **4.** Vsak dan moram jesti čokolado. **5.** Vsak dan moram telefonirati.
4. Wirklich nicht schlimm 1. d **2.** c **3.** b **4.** a
5. Zu zweit geht's leichter 1. Robert in Nina morata nujno na črpalko. **2.** Natočila bosta bencin in preverila olje./Natočita bencin in preverita olje. **3.** A bosta potrebovala mehanika?/A potrebujeta mehanika? **4.** Upata, da ne.

19B Übungen

1. Mag ich nicht! 1. Ne maram čokolade. **2.** Ne maram piva. **3.** Ne maram golaža. **4.** Ne maram solate. **5.** Ne maram mleka. **6.** Ne maram svinjske pečenke. **7.** Ne maram jabolčnega soka. **8.** Ne maram belega vina. **9.** Ne maram zelenjavne lazanje. **10.** Ne maram prekmurske gibanice.
2. Für Gemüseliebhaber 1. zelenjavna **2.** zelenjavna **3.** zelenjavni **4.** zelenjavna **5.** zelenjavni
3. Mahlzeit! 1. malica **2.** kosilo **3.** večerja **4.** zajtrk
4. Durcheinander 3 – 1 – 2 – 4, auch möglich: 2 – 4 – 1 – 3
5. Hoffentlich schmeckt es! 1. golaža, dober **2.** goveje juhe, dobra **3.** mesa, dobro **4.** praženega krompirja, dober **5.** prekmurske gibanice, dobra

20A Übungen

1. Nicht immer bei dir! 1. Pa ne vedno pri tebi! **2.** Pa ne vedno pri meni! **3.** Pa ne vedno pri njej! **4.** Pa ne vedno pri njem! **5.** Pa ne vedno pri nas! **6.** Pa ne vedno pri vas! **7.** Pa ne vedno pri njih! **8.** Pa ne vedno pri njih!
2. Viel ist in einem Jahr passiert 1. b **2.** b **3.** a **4.** b
3. Setzen Sie die Verben ein! 1. mine **2.** je postal **3.** manjkal **4.** pozna **5.** odkrivali
4. Kurz und bündig 1. c **2.** a **3.** d **4.** b
5. Es geht nicht ohne die Frauen 1. k **2.** k **3.** n **4.** n **5.** c

20B Übungen

1. Wann hast du Geburtstag? 1. Rojstni dan imam januarja. **2.** Rojstni dan imam februarja. **3.** Rojstni dan imam marca. **4.** Rojstni dan imam aprila. **5.** Rojstni dan imam maja. **6.** Rojstni dan imam junija. **7.** Rojstni dan imam julija. **8.** Rojstni dan imam avgusta. **9.** Rojstni dan imam septembra. **10.** Rojstni dan imam oktobra. **11.** Rojstni dan imam novembra. **12.** Rojstni dan imam decembra.

2. Was passiert demnächst? 1. Zgleda dobro. **2.** Na dopust. **3.** Prijatelji./Kolegi. **4.** Zvečer.
3. Auf Deutsch? 1. b **2.** a **3.** b **4.** b
4. Gratulation 1. d **2.** c **3.** e **4.** a **5.** b
5. Buchstabensuppe 1. služba **2.** pijača **3.** obisk **4.** kolegica **5.** prijatelj

T5 Test

1. Welche Antwort stimmt? 1. b **2.** c **3.** a **4.** b **5.** b **6.** b
2. Fragen und Antworten 1. e **2.** a **3.** f **4.** c **5.** b **6.** d
3. Was fehlt? 1. b **2.** c **3.** a **4.** c **5.** c **6.** b
4. Wie sagt man das auf Slowenisch? 1. Kako hitro mine čas! **2.** Eno leto v Sloveniji! **3.** V Sloveniji sem odkrival lepa mesta. **4.** Tukaj imam veliko dobrih prijateljev. **5.** Kmalu se bomo zopet dobili. **6.** Srečno!

Kurzgrammatik K

Phonetik Aussprache

Das slowenische Alphabet hat 25 Buchstaben:
a, b, c, č, d, e, f, g, h, i, j, k, l, m, n, o, p, r, s, š, t, u, v, z, ž

Vokale (Selbstlaute)

Die Vokale *a, e, i, o* können offen oder geschlossen, kurz oder lang sein. Lange Vokale werden immer betont.
Der Schwa-Laut wird entweder mit dem Buchstaben *e* wie in *pes* [pə̲s] oder gar nicht wiedergegeben. Er wird vor jedem *r* gesprochen, das nicht von einem Vokal begleitet wird: *rdeč* [ərdeč], *vrt* [vərt].

Konsonanten (Mitlaute)

b	wie **B**erg	j	wie **J**uni	s	wie **S**onne
c	c, wie **C**äsar	k	wie **K**ind	š	sch, wie **Sch**ule
č	tsch, wie **Tsch**eche	l	wie **L**inse	t	wie **T**ante
d	wie **D**ach	m	wie **M**utter	v	wie **V**ase
f	wie **F**oto	n	wie **N**uss	z	stimmhaftes s, wie Ro**s**e
g	wie **G**ans	p	wie **P**ark	ž	stimmhaftes sch, wie Gara**g**e, **J**ournalist
h	wie in Ba**ch**	r	wie **R**atte		

v: wird vor Vokalen als w ausgesprochen wie in ***v**aza* (Vase), sonst als u wie in *a**v**to* (Auto).
l: wird vor Vokalen als l ausgesprochen wie in *hva**l**a* (danke), sonst und im Auslaut als u wie in *do**l**go* (lange) oder *sto**l*** (Stuhl). In Fremdwörtern wie *hote**l*** (Hotel) bleibt die l-Aussprache erhalten.
lj: das j bleibt stumm, wenn kein Vokal folgt wie in *učite**lj*** (Lehrer). Bei darauffolgendem Vokal wird es gesprochen: ***Lj**ub**lj**ana* (Laibach).

Betonung

Für die Betonung gibt es im Slowenischen keine Regel. Sie muss jeweils mitgelernt werden.

Substantive Hauptwörter

Genus (grammatikalisches Geschlecht)

Es gibt männliche (maskuline), weibliche (feminine) und sächliche (neutrale) Substantive. Das Genus erkennt man oft an der Endung.
1. Maskulina (m) enden auf Konsonant: *mehani**k*** (Mechaniker), *hote**l*** (Hotel), *ča**j*** (Tee). Man unterscheidet zwischen belebten (Personen, Tiere) und unbelebten (Gegenstände, Abstrakta) Maskulina. Wenige Maskulina enden auf *-a* wie *koleg**a*** (Kollege). Zur maskulinen Deklination zählt auch *oče* (Vater). Ausnahmen sind Fremdwörter wie *avto* (Auto), *radio* (Radio), *taksi* (Taxi) usw.
2. Feminina (f) enden meist auf *-a*: *miz**a*** (Tisch), *ulic**a*** (Straße). Einige enden aber auch auf Konsonant: *breskev* (Pfirsich), *kost* (Knochen), *noč* (Nacht).
3. Neutra (n) enden auf *-o* wie *mest**o*** (Stadt) oder auf *-e* wie *podjetj**e*** (Unternehmen).
Beachten Sie, dass auf die Buchstaben *c, č, š, ž, j* nicht *-o*, sondern *-e* folgt wie bei *igrišč**e*** (Spielplatz).

Kasus (Fall)

Im Slowenischen gibt es sechs Fälle. Nominativ bis Akkusativ sind in ihrer Bedeutung und ihrem Gebrauch den deutschen Fällen ähnlich. Der Lokativ gibt meistens den Ort oder die Zeit an und steht nie ohne Präposition. Der Instrumental bezeichnet die Personen oder Mittel, mit denen man etwas macht. Auch er ist immer mit einer Präposition verbunden.

Nominativ	*kdo?*	(wer?)	*kaj?*	(was?)
Genitiv	*koga?*	(wessen?)	*česa?*	(wessen?)
Dativ	*komu?*	(wem?)	*čemu?*	(wem?)
Akkusativ	*koga?*	(wen?)	*kaj?*	(was?)
Lokativ	*pri kom?*	(bei wem?)	*pri čem?*	(wobei?)
Instrumental	*s kom?*	(mit wem?)	*s čim?*	(womit?)

Keine Artikel

Da es im Slowenischen keine Artikel gibt, erkennt man einzelne Fälle an den Endungen, die entweder direkt an das Wort – *mehanik* → *brez mehanik**a*** (ohne den Mechaniker) – oder an den Wortstamm – *mam**a*** → *brez mam**e*** (ohne Mama) – angehängt werden. Manchmal wird auch der Wortstamm erweitert: *oče* → *pri oč**etu*** (beim Vater).

Deklination (Beugung)

Substantive werden nach bestimmten Deklinationsmustern gebeugt.
Bei den deklinierten Formen verschwindet oft der Vokal *e*, wenn die letzte Silbe unbetont ist und das *e* ein Schwa-Laut ist: *Peter* → *brez Pet**ra*** (ohne Peter), *pes* → *Imam **psa*** (Ich habe einen Hund).

Maskulina

Singular (Einzahl)

	belebt	**unbelebt**
Nominativ	mehanik (Mechaniker)	ležalnik (Liegestuhl)
Genitiv	mehanik**a**	ležalnik**a**
Dativ	mehanik**u**	ležalnik**u**
Akkusativ	mehanik**a**	ležalnik
Lokativ	(pri) mehanik**u**	(pri) ležalnik**u**
Instumental	(z/s) mehanik**om**	(z/s) ležalnik**om**

Dual (Zweizahl)

Nominativ	mehanik**a**	ležalnik**a**
Genitiv	mehanik**ov**	ležalnik**ov**
Dativ	mehanik**oma**	ležalnik**oma**
Akkusativ	mehanik**a**	ležalnik**a**
Lokativ	(pri) mehanik**ih**	(pri) ležalnik**ih**
Instumental	(z/s) mehanik**oma**	(z/s) ležalnik**oma**

Plural (Mehrzahl)

Nominativ	mehanik**i**	ležalnik**i**
Genitiv	mehanik**ov**	ležalnik**ov**
Dativ	mehanik**om**	ležalnik**om**
Akkusativ	mehanik**e**	ležalnik**e**
Lokativ	(pri) mehanik**ih**	(pri) ležalnik**ih**
Instumental	(z/s) mehanik**i**	(z/s) ležalnik**i**

Feminina
Feminina, die auf *-a* enden, werden wie *miz**a*** (Tisch) dekliniert.

Singular	
Nominativ	miz**a**
Genitiv	miz**e**
Dativ	miz**i**
Akkusativ	miz**o**
Lokativ	(pri) miz**i**
Instrumental	(z/s) miz**o**

Dual	
Nominativ	miz**i**
Genitiv	miz
Dativ	miz**ama**
Akkusativ	miz**i**
Lokativ	(pri) miz**ah**
Instrumental	(z/s) miz**ama**

Plural	
Nominativ	miz**e**
Genitiv	miz
Dativ	miz**am**
Akkusativ	miz**e**
Lokativ	(pri) miz**ah**
Instrumental	(z/s) miz**ami**

Neutra
Neutra enden auf *-o* wie *mesto* (Stadt) oder *-e* wie *stanovanje* (Wohnung).

Singular		
Nominativ	**mesto**	**stanovanje**
Genitiv	mest**a**	stanovanj**a**
Dativ	mest**u**	stanovanj**u**
Akkusativ	mest**o**	stanovanj**e**
Lokativ	(pri) mest**u**	(pri) stanovanj**u**
Instrumental	(z/s) mest**om**	(z/s) stanovanj**em**

Dual		
Nominativ	mest**i**	stanovanj**i**
Genitiv	mest	stanovanj
Dativ	mest**oma**	stanovanj**ema**
Akkusativ	mest**i**	stanovanj**i**
Lokativ	(pri) mest**ih**	(pri) stanovanj**ih**
Instrumental	(z/s) mest**oma**	(z/s) stanovanj**ema**

Plural

Nominativ	mest**a**	stanovanj**a**
Genitiv	mest	stanovanj
Dativ	mest**om**	stanovanj**em**
Akkusativ	mest**a**	stanovanj**a**
Lokativ	(pri) mest**ih**	(pri) stanovanj**ih**
Instrumental	(z/s) mest**i**	(z/s) stanovanj**i**

Präpositionen/Verhältniswörter

Genitiv: *od* (von), *do* (nach), *brez* (ohne), *iz* (aus), *zraven* (neben)
Dativ: *k/h* (zu); h wird vor Wörtern verwendet, die mit *k* oder *g* beginnen
Akkusativ: *za* (für, nach), *v/na* (in/nach) auf die Frage *kam?* (wohin?)
Lokativ: *pri* (bei, an), *o* (über), *v/na* (in) auf die Frage *kje?* (wo?)
Instrumental: *z/s** (mit), *pred* (vor) und *za* (hinter) auf die Frage *kje?* (wo?)
**s* kommt vor *p, t, k, h, f, s, š, c, č*

Adjektive/Eigenschaftswörter

Adjektive bezeichnen die Eigenschaften von Personen oder Dingen und werden in Zahl, Fall und Geschlecht flektiert. Im Unterschied zum Deutschen werden nicht nur die vor dem Substantiv stehenden Adjektive in attributiver Stellung angepasst: *To je nov**a** knjig**a*** (Das ist ein neues Buch), sondern auch die am Satzende stehenden Adjektive in prädikativer Stellung: *Knjig**a** je nov**a*** (Das Buch ist neu).
Endet der Stamm des Adjektivs auf *c, č, š, ž, j*, so lautet die neutrale Adjektivendung nicht auf *o*, sondern auf *e*: *vroč**e** mleko* (eine heiße Milch).

Singular

	(m)	**(n)**	**(f)**
Nominativ	dober	dobr**o**	dobr**a**
Genitiv	dobr**ega**	dobr**ega**	dobr**e**
Dativ	dobr**emu**	dobr**emu**	dobr**i**
Akkusativ	dober/dobr**ega***	dobr**o**	dobr**o**
Lokativ	(pri) dobr**em**	(pri) dobr**em**	(pri) dobr**i**
Instrumental	(z/s) dobr**im**	(z/s) dobr**im**	(z/s) dobr**o**

*belebte Maskulina

Dual

	(m)	**(n)**	**(f)**
Nominativ	dobr**a**	dobr**i**	dobr**i**
Genitiv	dobr**ih**	dobr**ih**	dobr**ih**
Dativ	dobr**ima**	dobr**ima**	dobr**ima**
Akkusativ	dobr**a**	dobr**i**	dobr**i**
Lokativ	(pri) dobr**ih**	(pri) dobr**ih**	(pri) dobr**ih**
Instrumental	(z/s) dobr**ima**	(z/s) dobr**ima**	(z/s) dobr**ima**

Plural

	(m)	(n)	(f)
Nominativ	dobr**i**	dobr**a**	dobr**e**
Genitiv	dobr**ih**	dobr**ih**	dobr**ih**
Dativ	dobr**im**	dobr**im**	dobr**im**
Akkusativ	dobr**e**	dobr**a**	dobr**e**
Lokativ	(pri) dobr**ih**	(pri) dobr**ih**	(pri) dobr**ih**
Instrumental	(z/s) dobr**imi**	(z/s) dobr**imi**	(z/s) dobr**imi**

Possessivadjektive

Possessivadjektive drücken die Zugehörigkeit zu einer Person aus und werden wie Adjektive dekliniert, indem man an den Personennamen Endungen anhängt. An die männlichen *-ov/-ova-/-ovo*, an die weiblichen *-in/-ina/-ino*, je nach grammatischem Geschlecht des folgenden Substantivs:

(m) *-ov*	**(f) *-ova***	**(n) *-ovo***
*David**ov** sodelavec*	*David**ova** sodelavka*	*David**ovo** podjetje*
(Davids Mitarbeiter)	(Davids Mitarbeiterin)	(Davids Unternehmen)
(m) *-in*	**(f) *-ina***	**(n) *-ino***
*Ver**in** sodelavec*	*Ver**ina** sodelavka*	*Ver**ino** podjetje*
(Veras Mitarbeiter)	(Veras Mitarbeiterin)	(Veras Unternehmen)

Sie werden nach dem gleichen Muster dekliniert: *z David**ovim** sodelavcem* (mit Davids Mitarbeiter), z *Ver**inim** sodelavcem* (mit Veras Mitarbeiter).

Das Deutsche kennt viele zusammengesetzte Wörter wie Schultasche, Schweinsbraten usw. Im Slowenischen werden solche Wortbildungen meist durch die Verbindung Adjektiv + Substantiv ausgedrückt: *mobilni telefon* (wörtl.: mobiles Telefon = Mobiltelefon), *šolska torba* (wörtl.: schulische Tasche = Schultasche).

Steigerung

-ši bei den meisten einsilbigen Adjektiven: *lep* (schön) → *lep**ši*** (schöner)
-ji bei ein- und mehrsilbigen Adjektiven, wobei lautliche Veränderungen zu beachten sind:

g → ž	*dra**g***	(teuer)	→	*dra**ž**ji*	(teurer)
h → š	*ti**h***	(still)	→	*ti**š**ji*	(stiller)
k → č	*veli**k***	(groß)	→	*ve**č**ji*	(größer)
z → ž	*ni**z**ek*	(niedrig)	→	*ni**ž**ji*	(niedriger)

-ejši bei mehrsilbigen Adjektiven wie *debel* (dick) → *debel**ejši*** (dicker) und einsilbigen Adjektiven, die auf zwei Konsonanten enden: *čist* (sauber) → *čist**ejši*** (sauberer)

Der **Superlativ** wird regelmäßig mit ***naj-*** gebildet: ***naj**dražji* (am teuersten).

Farben werden nur mit der Form *bolj* (mehr) und *najbolj* (am meisten) gesteigert: *rdeč* (rot) → ***bolj*** *rdeč* (röter) → ***najbolj*** *rdeč* (am rötesten).

Adverbien/Umstandswörter

Adverbien sind nicht flektierbare Wörter. Von Adjektiven abgeleitete Adverbien haben normalerweise die Form des Adjektivs Neutrum Singular, wobei manchmal die Endung betont wird:

Adjektiv *lép/-a/-o* (schön) → Adverb *lepó* (schön)
*Danes je **lep** dan.* (Heute ist ein **schöner** Tag.) → *Danes je **lepo**.* (Heute ist es **schön**.)

Adjektiv *slovenski/-a/-o* (slowenisch) → Adverb *slovensko* (slowenisch)
To je ***slovensko*** *pivo.* (Das ist ein **slowenisches** Bier.) → *Robert govori* ***slovensko****.* (Robert spricht Slowenisch.)

Pronomen/Fürwörter

Personalpronomen (persönliche Fürworter)
Die Form nach dem Schrägstrich verwendet man, wenn das Pronomen im Satz unbetont ist oder sich auf einen bereits erwähnten Begriff bezieht.

Singular

Fall	**1. Person**	**2. Person**	**3. Person**		
Nominativ	jaz	ti	on (m)	ona (f)	ono (n)
Genitiv	mene/me	tebe/te	njega/ga	nje/je	njega/ga
Dativ	meni/mi	tebi/ti	njemu/mu	njej/ji	njemu/mu
Akkusativ	mene/me	tebe/te	njega/ga	njo/jo	njega/ga
Lokativ	(pri) meni	tebi	njem	njej	njem
Instrumental	(z/s) menoj/mano	teboj/tabo	njim	njo	njim

Dual

Fall	**1. Person**	**2. Person**	**3. Person**
Nominativ	midva (m)	vidva (m)	onadva (m)
	medve (f)	vedve (f)	onidve (f/n)
Genitiv	naju	vaju	njiju/ju
Dativ	nama	vama	njima/jima
Akkusativ	naju	vaju	njiju/ju
Lokativ	(pri) naju	vaju	njiju
Instrumental	(z/s) nama	vama	njima

Plural

Fall	**1. Person**	**2. Person**	**3. Person**
Nominativ	mi (m), me (f)	vi (m), ve (f)	oni (m), one (f), ona (n)
Genitiv	nas	vas	njih/jih
Dativ	nam	vam	njim/jim
Akkusativ	nas	vas	njih/jih
Lokativ	(pri) nas	vas	njih
Instrumental	(z/s) nami	vami	njimi

Der Nominativ wird nur verwendet, wenn die Person betont werden soll. *Jaz sem šla v kino.* (**Ich** bin ins Kino gegangen.) – *Šla sem v kino.* (Ich bin ins Kino gegangen.)

Die Form der 2. Person Plural *vi* ist gleichzeitig die höfliche Anredeform (Sie).

Reflexives Personalpronomen
Das reflexive Personalpronomen bezieht sich auf das Subjekt desselben Satzes. Die Formen sind für Person, Zahl und Geschlecht gleich.

Fall	
Nominativ	—
Genitiv	sebe/se
Dativ	sebi/si
Akkusativ	sebe/se
Lokativ	pri sebi
Instrumental	s seboj/sabo

Demonstrativpronomen (hinweisendes Fürwort)

Singular

	(m)	(f)	(n)
Nominativ	ta	ta	to
Genitiv	tega	te	tega
Dativ	temu	tej	temu
Akkusativ	ta/tega	to	to
Lokativ	(pri) tem	tej	tem
Instrumental	(s) tem	to	tem

Dual

	(m)	(f)	(n)
Nominativ	ta	ti	ti
Genitiv	teh	teh	teh
Dativ	tema	tema	tema
Akkusativ	ta	ti	ti
Lokativ	(pri) teh	teh	teh
Instrumental	(s) tema	tema	tema

Plural

	(m)	(f)	(n)
Nominativ	ti	te	ta
Genitiv	teh	teh	teh
Dativ	tem	tem	tem
Akkusativ	te	te	ta
Lokativ	(pri) teh	teh	teh
Instrumental	(s) temi	temi	temi

Interrogativpronomen (Fragefürwörter)

kdo? (wer?)
kaj? (was?)
čigav/-a/-o? (wessen?)
kakšen/-a/-o? (wie?)
kateri/-a/-o? (welcher?)
koliko? (wie viel?)

Possessivpronomen (besitzanzeigende Fürwörter)
Das Possessivpronomen wird wie das Adjektiv dekliniert.

	Singular	**Dual**	**Plural**
1. Person	moj/-a/-e	najin/-a/-o	naš/-a/-e
2. Person	tvoj/-a/-e	vajin/-a/-o	vaš/-a/-e
3. Person	njegov/-a/-o (m) njen/-a/-o (f)	njun/-a/-o	njihov/-a/-o
reflexiv	svoj/-a/-e	svoja/-i/-i	svoji/-e/-a

Reflexiv-possessives Pronomen *svoj/-a/-e*
Dieses „Universalpronomen" kann alle Possessivpronomen in allen Fällen außer im Nominativ ersetzen, wenn im Satz eine Bedingung erfüllt ist: Der Besitzer und das Subjekt müssen identisch sein: ***Iščem svoj*** *avto* (**Ich** suche **mein** Auto), ***Iščeš svoj*** *avto?* (Sucht **du dein** Auto?). In Sätzen wie ***To*** *je* ***moj*** *avto* (**Das** ist **mein** Auto) kann man das Possessivpronomen *moj* nicht durch *svoj* ersetzen, denn dann wäre nicht klar, wem das Auto gehört.

Verben Tätigkeitswörter

Der Infinitiv endet auf ***-ti*** wie bei *dela**ti*** (arbeiten) oder seltener auf ***-či*** wie bei *re**či*** (sagen). Bei den konjugierten Formen werden die Personalpronomen in der Regel nicht benutzt, die Verb-Endungen zeigen bereits, um welche Person es sich handelt. Die 2. Person Plural ist gleichzeitig die Höflichkeitsform: *govorite* (ihr sprecht, Sie sprechen). Bei reflexiven Verben bleibt das *se* immer unverändert: *učiti se* (lernen), *učim se* (ich lerne).

Verbklassen
Die slowenischen Verben kann man grob in fünf Verbklassen einordnen. Wichtig für die Zuordnung ist die Präsensendung:
1) del**am** 2) hod**im** 3) potrebu**jem** 4) piš**em** 5) da**m**

Da sich die Präsensform oft vom Infinitiv unterscheidet, muss man jeweils auch die Präsensform der 1. Person Singular mitlernen.

Verneinung:
Die verneinende Partikel *ne* steht direkt vor dem Verb:
Ne *grem domov.* (Ich gehe **nicht** nach Hause.)
Ne *govorim francosko.* (Ich spreche **nicht** Französisch.)

Präsens (Gegenwart)

		delati	(machen, arbeiten)
1. Person Singular	**-m**	dela**m**	(ich mache)
2. Person Singular	**-š**	dela**š**	(du machst)
3. Person Singular	- -	dela	(er/sie/es macht)
1. Person Dual	**-va**	dela**va**	(wir zwei machen)
2. Person Dual	**-ta**	dela**ta**	(ihr zwei macht)
3. Person Dual	**-ta**	dela**ta**	(die zwei machen)
1. Person Plural	**-mo**	dela**mo**	(wir machen)
2. Person Plural	**-te**	dela**te**	(ihr macht, Sie machen)
3. Person Plural	**-jo**	dela**jo**	(sie machen)

Unregelmäßige Verben

	iti (gehen)	**jesti** (essen)	**dati** (geben)	**vedeti** (wissen)
1. Person Singular	grem	jem	dam	vem
2. Person Singular	greš	ješ	daš	veš
3. Person Singular	gre	je	da	ve
1. Person Dual	greva	jeva	dava	veva
2. Person Dual	gre**s**ta	je**s**ta	da**s**ta	ve**s**ta
3. Person Dual	gre**s**ta	je**s**ta	da**s**ta	ve**s**ta
1. Person Plural	gremo	jemo	damo	vemo
2. Person Plural	gre**s**te	je**s**te	da**s**te	ve**s**te
3. Person Plural	grejo	jejo	dajo	vemo

	biti (sein)	**ne biti** (nicht sein)	**imeti** (haben)	**ne imeti** (nicht haben)
1. Person Singular	sem	nisem	imam	nimam
2. Person Singular	si	nisi	imaš	nimaš
3. Person Singular	je	ni	ima	nima
1. Person Dual	sva	nisva	imava	nimava
2. Person Dual	sta	nista	imata	nimata
3. Person Dual	sta	nista	imata	nimata
1. Person Plural	smo	nismo	imamo	nimamo
2. Person Plural	ste	niste	imate	nimate
3. Person Plural	so	niso	imajo	nimajo

Aspekt

Zu den Besonderheiten der slawischen Sprachen und somit auch der slowenischen Verben gehört der sog. Aspekt. Man unterscheidet den **vollendeten** (perfektiven) Aspekt und den **unvollendeten** (imperfektiven) Aspekt. Es geht um die unterschiedliche Betrachtung (Aspekt = Sichtweise) des vom Verb bezeichneten Geschehens. Die meisten Verben kommen daher paarweise vor.
Unvollendete Verben bezeichnen das Geschehen in seinem Verlauf: *Kaj delaš?* (Was machst du [gerade]?) – *Kuham.* (Ich koche.) Sie bezeichnen aber auch ein nicht abgeschlossenes, andauerndes oder einfach zeitlich nicht begrenztes Geschehen: *Moja mama dobro kuha.* (Meine Mutter kocht [generell] gut.) Auch Wiederholung oder Regelmäßigkeit kann mit einem imperfektiven Verb ausgedrückt werden: *Ob sobotah kuha naš oče.* (Samstags kocht unser Vater.)
Vollendete Verben drücken aus, dass der Beginn und das Ende einer Handlung abgeschlossen sind, oder das Ziel erreicht wurde bzw. erreicht werden soll: *A skuham kavo?* (Soll ich Kaffee kochen? Soll ich ihn fertig kochen?) *Skuhala sem kavo.* (Ich habe Kaffee gekocht; d. h. der Kaffee ist fertig.)

Perfekt/Vergangenheit

Die Bildung des Perfekts ist recht einfach: sog. ***l*-Partizip** + Hilfsverb *biti* (sein) im Präsens: (*delal sem* = ich machte/habe gemacht).
Das *l*-Partizip wird vom Infinitiv abgeleitet, indem die Endung *-ti* durch *-l* ersetzt wird. Es passt sich dem Numerus und Genus des Subjekts im Singular, Dual und Plural an.

1. Person Singular	*sem delal/-a/-o*	(ich habe gearbeitet)
2. Person Singular	*si delal/-a/-o*	(du hast gearbeitet)
3. Person Singular	*je delal/-a/-o*	(er/sie/es hat gearbeitet)

1. Person Dual	*sva delala/-li/-li*	(wir zwei haben gearbeitet)
2. Person Dual	*sta delala/-li/-li*	(ihr zwei habt gearbeitet)
3. Person Dual	*sta delala/-li/-li*	(die zwei haben gearbeitet)
1. Person Plural	*smo delali/-le/-la*	(wir haben gearbeitet)
2. Person Plural	*ste delali/-le/-la*	(ihr habt/Sie haben gearbeitet)
3. Person Plural	*so delali/-le/-la*	(sie haben gearbeitet)

l-Partizip einiger unregelmäßiger Verben:

iti	(gehen)	→	*šel/šla*	*jesti*	(essen)	→	*jedel/jedla*
moči	(können)	→	*mogel/mogla*	*najti*	(finden)	→	*našel/našla*
priti	(kommen)	→	*prišel/prišla*	*reči*	(sagen)	→	*rekel/rekla*
obleči	(anziehen)	→	*oblekel/oblekla*	*sleči*	(ausziehen)	→	*slekel/slekla*

Futur/Zukunft

Die Zukunft wird mit der Futurform des Hilfszeitwortes *biti* und dem Partzip auf *-l* gebildet.

1. Person Singular	***bom*** *delal/-a/-o*	(ich werde arbeiten)
2. Person Singular	***boš*** *delal/-a/-o*	(du wirst arbeiten)
3. Person Singular	***bo*** *delal/-a/-o*	(er/sie/es wird arbeiten)
1. Person Dual	***bova*** *delala/-li/-li*	(wir zwei werden arbeiten)
2. Person Dual	***bosta*** *delala/-li/-li*	(ihr zwei werdet arbeiten)
3. Person Dual	***bosta*** *delala/-li/-li*	(die zwei werden arbeiten)
1. Person Plural	***bomo*** *delali/-le/-la*	(wir werden arbeiten)
2. Person Plural	***boste*** *delali/-le/-la*	(ihr werdet/Sie werden arbeiten)
3. Person Plural	***bojo*** *delali/-le/-la*	(sie werden arbeiten)

Das Futur des Verbs *biti* steht immer alleine:
Jutri ***bo*** *lepo vreme.* (Morgen **wird** schönes Wetter **sein**.)
Vreme ***bo*** *lepo.* (Das Wetter **wird** schön [**sein**].)

Konditional/Möglichkeitsform

Das Konditional Präsens wird mit dem Wörtchen *bi* und dem *l*-Partzip gebildet:
Rada ***bi imela*** *vodo.* (Ich **hätte** gerne Wasser.)
Peter ***bi kuhal*** *kosilo, če* ***bi imel*** *čas.* (Peter **würde** das Mittagessen **kochen**, wenn er Zeit **hätte**.)

Imperativ/Befehlsform

Die Bildung des Imperativs hängt von der Präsensendung in der 1. Person ab:

1. Pers. Präs.	**Singular**		**Dual**		**Plural**	
	1. Pers.	**2. Pers.**	**1. Pers.**	**2. Pers.**	**1. Pers.**	**2. Pers.**
-am	–	-aj	-ajva	-ajta	-ajmo	-ajte
-im	–	-i	-iva	-ita	-imo	-ite
-jem	–	-j	-jva	-jta	-jmo	-jte
-em	–	-i	-iva	-ita	-imo	-ite

*Del**am**.* (Ich arbeite.) → *Del**aj**!* (Arbeite!)
Einige Ausnahmen:

gledam	(ich schaue)	→	*glej!*	(schau!)	*glejte!*	(schaut!)
grem	(ich gehe)	→	*pojdi!*	(geh!)	*pojdite!*	(geht!)
sem	(ich bin)	→	*bodi!*	(sei!)	*bodite!*	(seid!)

imam	(ich habe)	→	*imej!*	(hab!)	*imejte!*	(habt!)
vzamem	(ich nehme)	→	*vzemi!*	(nimm!)	*vzemite!*	(nehmt!)

Numeralia Zahlwörter

	Grundzahlen (eins, zwei, drei ...) *Koliko?* (Wie viel?)	**Ordnungszahlen (erster, zweiter, dritter ...)** *Kateri/-a/-o?* (der/die/das Wievielte?)
0:	nič	
1:	en/ena/eno	prvi/-a/-o
2:	dva/dve/dve	drugi/-a/-o
3:	trije/tri/tri	tretji/-ja/-je
4:	štirje/štiri/štiri	četrti/-a/-o
5:	pet	peti/-a/-o
6:	šest	šesti/-a/-o
7:	sedem	sedmi/-a/-o
8:	osem	osmi/-a/-o
9:	devet	deveti/-a/-o
10:	deset	deseti/-a/-o

Entsprechend werden die höheren Zahlen gebildet:

11:	enajst	100:	sto	1000:	tisoč		
12:	dvanajst	20:	dvajset	200:	dvesto	100 000:	sto tisoč
13:	trinajst	30:	trideset	300:	tristo	1 000 000:	milijon
14:	štirinajst	40:	štirideset	400:	štiristo		
15:	petnajst	50:	petdeset	500:	petsto		
16:	šestnajst	60:	šestdeset	600:	šeststo		
17:	sedemnajst	70:	sedemdeset	700:	sedemsto		
18:	osemnajst	80:	osemdeset	800:	osemsto		
19:	devetnajst	90:	devetdeset	900:	devetsto		

Bei mehrstelligen Zahlen beginnt man wie im Deutschen von hinten:

21:	ena**in**dvajset	(ein**und**zwanzig)
77:	sedem**in**sedemdeset	(sieben**und**siebzig)
1102:	tisoč sto dve	(tausendeinhundertzwei)

Die Grundzahlen von 1 bis 4, 101 bis 104 usw. verhalten sich wie ein Adjektiv, d. h. sie werden dekliniert, da sie mit dem Geschlecht und dem Fall des dazugehörigen Substantivs übereinstimmen müssen:

Nominativ	en/ena/eno	dva/dve/dve	trije/tri/tri	štirje/štiri/štiri	pet
Genitiv	enega/ene/enega	dveh	treh	štirih	petih
Dativ	enemu/eni/enemu	dvema	trem	štirim	petim
Akkusativ	enega/eno/eno	dva/dve/dve	tri	štiri	pet
Lokativ	pri enem/eni/enem	pri dveh	pri treh	pri štirih	pri petih
Instrumental	z enim/eno/enim	z dvema	s tremi	s štirimi	s petimi

Beim Zählen braucht man für *en/ena/eno* den Singular, für *dva/dve/dva* den Dual, für *trije/tri/tri* und *štirje/štiri/štiri* den Plural Nominativ und ab der Zahl 5 den Genitiv Plural. Bei 101 fängt das Spiel von vorne an.

Ab der Zahl 5 steht das Substantiv im Genitiv Plural während das Verb aber im Singular bleibt: *Na mizi **je pet knjig*** (wörtl.: Auf dem Tisch **ist fünf der Bücher** = Auf dem Tisch **sind fünf Bücher**). Den Genitiv verlangen auch unbestimmte Mengenangaben wie *malo* (wenig), *veliko* (viel) usw.: *Kupila sem **veliko čokolade*** (wörtl.: Ich habe **viel der Schokolade** gekauft).

Uhrzeiten
ura (Stunde, Uhr) und *minuta* (Minute):
Ura je ena/dve/tri/štiri/pet ... (Es ist ein/zwei/drei/vier/fünf ... Uhr.)
*Ura je **pol** enih/dv**eh**/tr**eh**/štirih/petih* ... (Es ist halb eins/zwei/drei/vier/fünf ...)

četrt (Viertel) und ***tri četrt*** (drei Viertel) + ***na*** + Grundzahl der **folgenden** Stunde:
*Ura je **četrt na** en**o**/dve/tri/štiri/pet* ... (Es ist **viertel** eins/zwei/drei/vier/fünf ...)
*Ura je **tri četrt na** en**o**/dve/tri/štiri/pet* ... (Es ist **drei viertel** eins/zwei/drei/vier/fünf ...)

*Ura je ena/dve/tri/štiri/pet ... **do** enih/dv**eh**/tr**eh**/štirih/petih* ... (wörtl.: Es ist eins **bis** eins. = Es ist eins/zwei/drei/vier/fünf **vor** eins/zwei/drei/vier/fünf ...)
*Ura je ena/dve/tri/štiri/pet ... **čez** en**o**/dve/tri/štiri/pet* ... (wörtl.: Es ist eins **über** eins. = Es ist eins/zwei/drei/vier/fünf **nach** eins/zwei/drei/vier/fünf ...)

***od ... do* (von ... bis):**
***od** enih/dv**eh**/tr**eh**/štirih/petih ... **do** enih/dv**eh**/tr**eh**/štirih/petih* ...

Bahnhofszeit: *Ura je ena in ena minut**a**/dve minut**i**/tri minut**e**/štiri minut**e**/pet minut* ... (Es ist ein Uhr und eine Minute/zwei/drei/vier/fünf ... Minuten.)

Syntax

Wortfolge
Die Wortfolge im Slowenischen ist relativ frei und richtet sich nach der Situation, dem Kontext bzw. dem Informationswert bestimmter Satzteile. Der grammatische Bau des Satzes wird hauptsächlich vom Verb (Personalform) bestimmt: *Oče **bere** časopis*. (Der Vater liest die Zeitung.)
Bei „neutralen“ Sätzen steht i. d. R. das bereits Bekannte, Erwähnte am Satzanfang: *Mama je skuhala kavo*. (Die Mutter hat Kaffee gekocht.)
*Kavo je skuhala **mama***. (Den Kaffee hat **die Mama** gekocht. [Nicht der Vater.])
*Mama je kavo **skuhala***. (Die Mama hat den Kaffee **gekocht**. [Und nicht Instantpulver aufgebrüht.]

Hier eine kleine Hilfe zur Wortstellung:

Delala	*je.*		(Sie hat gearbeitet.)
Tatjana	*je*	*delala.*	(Tatjana hat gearbeitet.)
Včeraj	*je*	*Tatjana delala na vrtu.*	(Gestern hat Tatjana im Garten gearbeitet.)
Rekla je, da	*je*	*delala na vrtu.*	(Sie hat gesagt, dass sie im Garten gearbeitet hat.)
Tatjana	*bo*	*delala na vrtu.*	(Tatjana wird im Garten arbeiten.)
Tatjana ne	*bo*	*delala.*	(Tatjana wird nicht arbeiten.)
Delala	*bo.*		(Sie wird arbeiten.)
Tatjana	*ni*	*delala.*	(Tatjana hat nicht gearbeitet.)
	Ni	*delala.*	(Sie hat nicht gearbeitet.)

Die Kurzformel für die Stellung des ***se*** bei reflexiven Verben:
1. Satzglied + Hilfszeitwort mit *s* am Beginn + *se*: *Oblekel sem* ***se***. (Ich habe mich angezogen.)
1. Satzglied + *se* + *je/bom*: *Oblekel* ***se*** *je/bo*. (Er hat sich angezogen./Er wird sich anziehen.)

Enklitika
Eine verbindliche Wortfolge haben nur sog. Enklitika. Das sind kurze, einsilbige, unbetonte Wörter, die sich an benachbarte betonte Wörter anlehnen. Enklitika sind z. T. Pronomen, Hilfsverben, Konjunktionen, Partikeln. Sie stehen immer nach dem ersten Satzglied.

Rad ***bi*** *šel v kino*. (Ich **würde** gerne ins Kino gehen.)
Moraš ***jo*** *videti*. (Du musst **sie** sehen.)

Modalwörter
Mit den Modalwörtern werden Möglichkeit, Notwendigkeit, Wollen und Erlaubnis ausgedrückt.
Personalform von *morati* (müssen), *moči* (können), *hoteti* (wollen), *smeti* (dürfen) + Infinitiv:
Moram kupiti *mleko*. (Ich **muss** Milch **kaufen**.)

Lahko (können) + Verb:
A ***grem lahko*** *v kino?* (**Kann** ich ins Kino **gehen**?)
Lahko greš. (Du **kannst gehen**.)

Negation /Verneinung
Verb
Die Partikel ***ne*** wird vor das Verb gestellt:
Anja govori slovensko. → *Anja* ***ne*** *govori slovensko*. (Anja spricht **nicht** Slowenisch.)
Peter bo šel v trgovino. → *Peter* ***ne*** *bo šel v trgovino*. (Peter wird **nicht** in das Geschäft gehen.)

Achtung bei den Verben *biti* (sein), *imeti* (haben) und *hoteti* (wollen):

sem	(ich bin)	→	***ni****sem*	(ich bin **nicht**)
imam	(ich habe)	→	***ni****mam*	(ich habe **nicht**)
hočem	(ich will)	→	***no****čem*	(ich will **nicht**)

moram (ich muss) → ***ni mi treba*** (wörtl.: mir ist nicht notwendig. = ich muss nicht)
Moram *delati*. (**Ich muss** arbeiten.) → ***Ni mi treba*** *delati*. (**Es ist mir nicht notwendig** zu arbeiten. = **Ich muss nicht** arbeiten.)
Lara ***mora*** *iti v šolo*. (Lara **muss** in die Schule gehen.) → *Lar****i ni treba*** *iti v šolo*. (Lara **ist es nicht notwendig**, in die Schule zu gehen = Lara **muss nicht** in die Schule gehen.)
Das logische Subjekt steht dabei im Dativ, es folgt die Verneinung von *treba je* + Infinitiv.

Lahko (können) + Verbform → ***ne morem*** (ich kann nicht) + Infinitiv
Lahko *pomagam*. (**Ich kann** helfen.) → ***Ne morem*** *pomagati*. (**Ich kann nich**t helfen.)
Objekt
Bei der Verneinung ist das Objekt ohne Präposition statt im Akkusativ im Genitiv.
Pijem ***sok***. → ***Ne*** *pijem* ***soka***. (wörtl.: Ich trinke **nicht/keinen des Safts**.)

Doppelte Verneinung
Im Slowenischen reicht ein einfaches Nein nicht. Doppelt hält bekanntlich besser, und daher wird doppelt oder mehrfach verneint.
Nikoli ne *grem v hribe*. (wörtl.: **Niemals nicht** gehe ich in die Berge. = Ich gehe **nie** in die Berge.)

W Wörter von A–Ž

abraham (ugs.) „Abraham“, 50. Geburtstag 99
afna at (Teil der E-Mail-Adresse) 47
afne guncati Unfug treiben 79
ajvar Paprika-Tomaten-Sauce 112
alergičen, alergična/-o allergisch 67
ali Fragepartikel (unübersetzt) 27, oder 75, ob 105
Aljažev stolp Aljaž-Turm 97
ambulanta Ambulanz 66
Američan Amerikaner 131
Američanka Amerikanerin 131
ampak aber 44, 69
angleščina Englisch 11
angleško Englisch 11
Anglež Engländer 131
Angležinja Engländerin 131
antikvariat Antiquariat 89
apartma Appartement 20
april April 133
aprila im April 133
avgust August 133
avgusta im August 133
Avstrija Österreich 87
Avstrijec Österreicher 131
Avstrijka Österreicherin 131
avto Auto 13
avtobus Bus 29
avtomat za kavo Kaffeemaschine 46
avtomehanična delavnica Autowerkstatt 124
avtomehanik Automechaniker 62
babica Großmutter 98
balkon Balkon 121
banka Bank 13
bar Bar 23
bel/-a/-o weiß 107
bela moka Weißmehl 67
beli burgundec Weißburgunder 123
belo vino Weißwein 41
bencin Benzin 125
berejo sie lesen 87
berem ich lese 87
bi du würdest, Sie würden 41
bi našel würde finden 89
bi šel würde gehen 73
bil/-a/-o er/sie/es war 55
biologija Biologie 81
biti sein 15
bluza Bluse 52
bo er/sie/es wird sein 75
bo deževalo es wird regnen 93
bograč Eintopf 45
bojo sie werden 75
boleti weh tun, schmerzen 67
boli er/sie/es tut weh/schmerzt 67
bolnišnica Krankenhaus 66
bom ich werde 75
bom preveril ich werde kontrollieren 125
bomo wir werden 75
bord Snowboard 105
bordam ich snowboarde 107
bordati snowboarden 107
bosta die beiden werden, ihr zwei werdet 75
boste ihr werdet, Sie werden 75
boste jedli ihr werdet essen, Sie werden essen 127
boš du wirst 75
boš bordal du wirst snowboarden 107
bova wir zwei werden 75
božič Weihnachten 103
bral/-a/-o gelesen 87
bralci Leser (Pl.) 87
bralec Leser 87
bralka Leserin 87
Bralna značka Leseabzeichen 91
brat Bruder 98, 101
brati lesen 87
bratranec Cousin 98
brisača Handtuch 63
burek salziger Strudel mit Hackfleisch, Quark oder Spinat 112
burja Bora 92
Cankarjev dom Cankar-Haus 75
cel/-a/-o ganz 107
cockta slowenische Limo 38
cvetni prah Blütenstaub 67
cviček Wein aus verschiedensten Weinsorten 45
čaka er/sie/es wartet 95
čakalnica Wartezimmer 66
čakam ich warte 95
čakati warten 95
čas Zeit 131
časopis Zeitung 88
če wenn, falls, ob 79
čebula Zwiebel 34
čelada Helm 105
češnja Kirsche 34
četrt Viertel 49
četrtek Donnerstag 99
četrti/-a/-o der/die/das vierte 75
čevapčiči Hackfleischröllchen 112
čevlji Schuhe 55
čez über, nach 49
čigav, čigav, čigavo? wessen? 99
čokolada Schokolade 37
črn/-a/-o schwarz 107
črpalka Tankstelle 125
črtica spodaj Unterstrich 47
da dass 11, er/sie/es gibt 47
dajo sie geben 47
dam ich gebe 47
damo wir geben 47
dan Tag 9
dan žena Frauentag 109
danes heute 49
darilo Geschenk 99
daste ihr gebt, Sie geben 47
daš du gibst 47
dati geben 47
december Dezember 133
decembra im Dezember 133
dedek Großvater 98
degustacija vina Weinverkostung 121
deka dag, Dekagram, 10g 36
deli telesa Körperteile 69
delno oblačno teilweise bewölkt 93
delovna soba Arbeitszimmer 121
deset zehn 27
deset do desetih zehn vor zehn 49
deseti/-a/-o zehnter 75
deskanje Snowboarden 104
desno rechts 23
dež Regen 93
deževati regnen 93
deževno regnerisch 93
dežuje es regnet 93
dežurni Diensthabender 83
diplomirani inženir Diplomingenieur 51
direktorica Direktorin 62
diskusija Diskussion 115
dnevna soba Wohnzimmer 121
do bis, vor [zeitl.] 49, bis [örtl.] 61
dober dan guten Tag 9
dober krompirček gute Kartöffelchen 39
dober kruh gutes Brot 41
dober tek! guten Appetit! 41
dober večer guten Abend 21
dober, dobra/-o gut (Adjektiv) 9
dobim ich bekomme 29
dobim se ich treffe mich 49
dobimo se wir treffen uns 49
dobiti se sich treffen 49
dobiti bekommen 29
dobra juha gute Suppe 41
dobro gut (Adverb) 11
dobro jutro guten Morgen 15
dobro vino guter Wein 41
dobrodošli! willkommen! 11
dokumenti Dokumente, Papiere 21
Dolenjska Unterkrain 129
dolgo lange 105
dolgočasen, dolgočasna/-o langweilig 81

kava Kaffee 38
kavbojke (Pl.) Jeans 52
kdaj? wann? 49
kdo? wer? 101
Kekčeva dežela Kekec-Land 97
kemični svinčnik, kuli Kugelschreiber 46
kemija Chemie 81
kepica sladoleda Kugel Eis 65
ker weil 55
kila Kilo 35
kino Kino 73
kiosk Kiosk 37
kis Essig 127
kje? wo? 23
kje je ...? wo ist ...? 23
klasična glasba klassische Musik 90
klasična književnost klassische Literatur 87
klasična literatura klassische Literatur 87
klavir Klavier 80
klet Keller 121
klinika Klinik 66
ključ Schlüssel 23
klop Bank 97
klopotec Klapotetz 123
kmečki turizem Tourismus auf dem Bauernhof 20
kmetija Bauernhof 121
knjiga Buch 87
knjigarna Buchhandlung 89
knjižica Büchlein 78
knjižnica Bibliothek 87
Kočevski rog Hornwald 129
kokakola Erfrischungsgetränk 30
kokoš Huhn
kolega Kollege 133
kolegica Kollegin 133
koliko časa wie lange?, wie viel Zeit? 61
koliko je ura? wie spät ist es? 49
koliko? wie viel? 29
kolo Fahrrad 125
komar Stechmücke, Gelse 68
kompliment Kompliment 131
koncert Konzert 73
končno endlich 63
konec tedna Wochenende 99
kopalke Badehose, -anzug; Bikini 63
kopalnica Badezimmer 121
korenje Karotte 34
kosilo Mittagessen 43
koš za papir Papierkorb 46
koš za smeti Mülleimer 46
košarka Basketball 78
kot wie 119
kovček Koffer 23
koza(!) Ziege! 83, Ziege 118
kozarec Glas 43
kozolec Heustadl 57
kranjska klobasa Krainer Wurst 45
krava Kuh 118
kravata Krawatte 52
krema za sončenje Sonnencreme 63
krilo Rock 53
krompir Kartoffel 43
kruh Brot 35
kuhinja Küche 121
kul cool 55
kultura Kultur 119
kumara Gurke 34
kupil/-a/-o er/sie/es hat gekauft 55
kupim ich kaufe 29
kupiti kaufen 29
kurentovanje Faschingsumzug in Ptuj 25
lahko können 29
lahko noč gute Nacht 21
las, lasje Haar, Haare 69
laški rizling Welschriesling 123
lazanja Lasagne 127
led Eis 93
lekarna Apotheke 66
lep/-a/-o schön 55
lepo schön (Adverb) 17
letalo Flugzeug 62
levo links 23
ležalnik Liegestuhl 63
ležati liegen 70
ležim ich liege 70
likovna umetnost bildende Kunst 81
limona Zitrone 34
list Blatt 46
literatura Literatur 87
ljubim te ich liebe dich 103
lopata Schaufel 78
lopatka kleine Schaufel 78
Maček Muri Kater Muri (Kinderbuchtitel) 87
mačka Katze
Madona! Madonna!, Himmel! 83
Madžar Ungar 131
Madžarka Ungarin 131
madžarsko Ungarisch 11
madžarščina Ungarisch 11
maj Mai 133
maja im Mai 133
majhen, manjši, najmanjši klein, kleiner, am kleinsten 95
majica Shirt 52, 55
malica Imbiss, Mittagsmenü 95
malina Himbeere 36
mali/-a/-o klein 127
malo wenig, ein wenig 15
mama, mati Mutter 98, 101
manjka er/sie/es fehlt 131
manjkam ich fehle 131
manjkati fehlen 131
marca im März 133
marec März 133
markacija Markierung 97
marmelada Marmelade 127
maslo Butter 127
matematika Mathematik 81
mazilo Salbe 67
me mich, wir (f) 67, 107
me veseli es freut mich 11
medicinska sestra Krankenschwester 66
medicinski tehnik Krankenpfleger 66
medtem ko währenddessen 127
medve wir zwei (f) 107
megleno neblig 93
mehanik Mechaniker 125
menda angeblich 75
meni Menü 127
meniš du meinst 37
meri er/sie/es misst 95
merim ich messe 95
meriti messen 95
meseci Monate 133
mesečna Monats- 9
meso Fleisch 127
mestni/-a/-o Stadt- 89
mesto Stadt 119
mešan/-a/-o gemischt 41
meter Meter 95
mi mir 47, mich 87
mi smo wir sind 15
mine er/sie/es vergeht 131
mineralna voda Mineralwasser 127
miniti vergehen 131
minus minus 47
minuta Minute 27
mislim ich denke 67
misliti denken 67
miš Maus 118
mišek Mäuschen 83
miška Mäuschen, Computermaus 46
miza Tisch 101
mleko Milch 67
mlinci Essensbeilage aus Nudelteig 40
mobi, mobitel (ugs.) Mobiltelefon 51
mobilni telefon Mobiltelefon 51
moči können 125
moder, modra/-o blau 107
moj/-a/-e mein 63, 99
moram ich muss 49
morati müssen 49, 125
morava wir zwei müssen 125
morda vielleicht 73
motor Motorrad 125
mrzlo kalt 93
mu ihm 87
na auf, an 27
na desni rechts 23
na dopust in Urlaub 64
na kavču auf der Couch 72
na koncertu im Konzert 72
na koncu am Ende 101
na kopališču im Schwimmbad 72
na Koroškem in Kärnten 89
na kosilo auf ein Mittagessen 49

na kratko kurz, kurze Zeit 119
na levi links 23
na levi strani auf der linken Seite 23
na osebo pro Person 61
na pijači bei einem Getränk 72
na razstavi in der Ausstellung 72
na sejmu auf der Messe 72
na soncu an der Sonne 107
na tekmi beim Match 72
na vrhu am Gipfel 95
nahrbtnik Rucksack 97
najdem ich finde 89
najlepša hvala besten Dank 23
najprej zuerst 133
najraje am liebsten 81
najstniki Teenager 27
najti finden 89
najvišji/-a/-e höchster 95
naloga Aufgabe 81
napotnica Überweisung 66
napovedali so sie haben v orhergesagt 93
napovedati ankündigen 93
napovem ich kündige an 93
naprej weiter 133
Narodna in univerzitetna knjižnica National- und Universitätsbibliothek 91
nasvidenje auf Wiedersehen 9
naš/-a/-e unser 121
našel, našla/-o gefunden 89
natoči! füll auf!, schenk ein! 125
natočim ich schenke ein 125
natočiti einschenken 125
ne nicht, nein 15
ne maram ich mag nicht 127
ne morem ich kann nicht 125
ne razumem ich verstehe nicht 15
ne smem ich darf nicht 125
ne želim ich wünsche nicht 125
nečak Neffe 98
nečakinja Nichte 98
nedelja Sonntag 99
nekaj irgendetwas 125
Nemčija Deutschland 87
Nemec Deutscher 131
Nemka Deutsche 131
nemščina Deutsch 11
nemški/-a/-o deutsch 87
nemško Deutsch 11
neprijazen, neprijazna/-o unfreundlich 81
nesreča Unfall 66
neumen, neumna/-o dumm 81
nevihta Gewitter 93
ni er/sie/es ist nicht 61
ni mi treba ich muss nicht 125
ni za kaj gern geschehen 87
nikoli niemals 105
nimam ich habe nicht 69
nisem ich bin nicht 61
nisi du bist nicht 61
nismo wir sind nicht 61
niso sie sind nicht 61
niste ihr seid nicht, Sie sind nicht 61
nizek, nižji, najnižji niedrig, niedriger, am niedrigsten 95
njegov/-a/-o sein (Poss.-Pron.) 99, 101
njen/-a/-o ihr (Poss.-Pron. Sg.) 99
njihov/-a/-o ihr (Poss.-Pron. Pl.) 121
nočem ich will nicht 125
noga, noge Fuß, Füße 69
nogavice Socken 52
nogomet Fußball 79
nos Nase 69
nov/-a/-o neu 55
november November 133
novembra im November 133
nujno dringend 125
o über 115
o čem? worüber? 115
o kom? über wen? 115
ob četrt na pet um Viertel nach vier 49
ob desetih um zehn 49
ob devetih um neun 49
ob dvanajstih um zwölf 49
ob dveh um zwei 49
ob enajstih um elf 49
ob enih um eins 49
ob osmih um acht 49
ob petih um fünf 49
ob pol dveh um halb zwei 49
ob sedmih um sieben 49
ob šestih um sechs 49
ob štirih um vier 49
ob treh um drei 49
oba, obe, obe beide 113
obisk Besuch 133
oblačno bewölkt 93
obleka Kleid 52
obliž Pflaster 66
oboževati toll finden 89
obožujem ich finde toll 89
obožujeta sie/beide finden toll 89
obraz Gesicht 69
obvoznica Ringautobahn 14
očala (Pl.) Brille 63
oče, ata Vater 98, 101
od kod? woher? 17
odbojka Volleyball 78
odjavim se ich melde mich ab 23
odjaviti se auschecken, abmelden 23
odkrival/-a/-o entdeckt 131
odkrivam ich entdecke 131
odkrivati entdecken 131
odličen, odlična/-o ausgezeichnet 43
odnos Beziehung 115
oko, oči Auge, Augen 69
oktober Oktober 133
oktobra im Oktober 133
okusen, okusna/-o köstlich 43
olje Öl 125
on er 87
on/ona/ono je er/sie/es ist 15
ona sie (Sg.) 87
one sie (Pl. f) 107
oni so sie sind 15
onidve die beiden, zwei (f) 107
ono es 87
oprosti entschuldige 15
oprostite entschuldigen Sie 15
oreški Nüsschen 67
organizacija Organisation 13
osa Wespe 67
osel! Esel! 83
osemintrideset achtunddreißig 53
osji pik Wespenstich 67
osnovna šola Grundschule 78
ostanem ich bleibe 69
ostanite! bleiben Sie! 69
ostati bleiben 69
oteklina Schwellung 69
otrok Kind 62
otroška literatura Kinderliteratur 87
otroška soba Kinderzimmer 121
otroški/-a/-o Kinder- 87
ovca Schaf
pa und, aber 43
pacek, packa Schmutzfink 83
pač eben 81
palice Stecken 105
pametni telefon Smartphone 51
panjske končnice kleine Brettchen vom Bienenstock 57
papir Papier 46
paprika Paprika 34
paradižnik Tomate 34
paradižniki Tomaten 35
park Park 79
penicilin Penizillin 67
penzioni Pensionen 20
peron Bahnsteig 27
pes Hund
peskovnik Sandkasten 78
pet evrov fünf Euro 29
petek Freitag 99
petelin Hahn
peti/-a/-o der/die/das fünfte 75
petica Fünfer 83
pičil/-a/-o gestochen 67
pičim ich steche 67
pičiti stechen 67
piham ich blase 94
pihati blasen 94
pijača Getränk 133
pijem ich trinke 69
pijte! trinken Sie! 69
pika Punkt 47
pisalna miza Schreibtisch 46
pisan/-a/-o bunt 55
pisatelj Schriftsteller 87
pisateljica Schriftstellerin 87

pisati schreiben 21
piše er/sie/es schreibt 21
pišem ich schreibe 21
pišem se ... mein Nachname ist ... 21
pišeš du schreibst 21
pišete se ... Ihr Nachname ist ... 21
piškot Keks 35
piškoti Kekse 35
piti trinken 69
pivo Bier 127
plačam ich zahle 37
planika Edelweiß 97
planina Alm 97
planinec Wanderer 97
planinka Wanderin 97
planinska koča Almhütte 97
plašč Mantel 56
plaža Strand 63
plesati tanzen 102
plezalo Klettergerüst 78
plus plus 54
poceni billig 55
počitnice Ferien 82
počitniška hiša Ferienhaus 20
počitniško stanovanje Ferienwohnung 20
počivam ich ruhe mich aus 70
počivati ausruhen 70
podjetje Unternehmen 47
pogledam ich schaue 73
pogledati schauen 73
poglej! schau! 89
pogosto oft 108
pogovarjam se ich unterhalte mich 80
pogovarjate se ihr unterhaltet euch, Sie unterhalten sich 113
pogovarjati se sich unterhalten 80
Pojdi se solit! Geh zum Teufel! 65
pojdite! gehen Sie! 68
pojdite po! holen Sie! 69
pokazati zeigen 55
pokažem ich zeige 55
pokaži! zeig! 55
poklicati anrufen 47
pokličem ich rufe an 47
pol halb 49
poletni festival Sommerfestival 73
polh Siebenschläfer 129
policija Polizei 13
politika Politik 115
polnilnik Ladekabel 51
pomagam ich helfe 53
pomagati helfen 53
pomerim ich probiere an 53
pomeriti anprobieren 53
pomoč Hilfe 87
ponavadi für gewöhnlich 105
ponedeljek Montag 99
ponudba Angebot 105
ponudim ich biete an 61
ponuditi anbieten 61
poper Pfeffer 127
porcija Portion 43
poslovni/-a/-o Geschäfts- 113
postanem ich werde 131
postati werden 131
pot Weg 97
pot miru Friedensweg 97
potem dann 55
potrebovati brauchen 37
potrebujem ich brauche 37
potrebuješ du brauchst 37
povabil/-a/-o eingeladen 99
povabim ich lade ein 99
povabiti einladen 99
pove er/sie/es sagt 47
povedati sagen/mitteilen 47
povejo sie sagen 47
povem ich sage 47
povemo wir sagen 47
poveste ihr sagt, Sie sagen 47
poveš du sagst 47
povoj Verband 66
povratna vozovnica Rückfahrkarte 61
poznam ich kenne 131
poznaš du kennst 131
poznati kennen 131
prašič Schwein
pravilno richtig 119
pravljice Märchen 90
praznovati feiern 99
praznuje er/sie/es feiert 99
praznujem ich feiere 99
pražen, pražena/-o geröstet 43
pred vor 119
predjed Vorspeise 127
predlog Vorschlag 89
predmestje Vorstadt 119
predplačniška kartica Prepaid-Karte 51
prehitro zu schnell 15
prehlajen/-a/-o erkältet 71
Prekmurje Übermurgebiet 45
prekmurska gibanica eine Süßspeise 42
premajhen, premajhna/-o zu klein 53
premalo zu wenig 43
prenosni računalnik Laptop 51
presneto! verflixt und zugenäht! 83
prestolnica Hauptstadt 119
pretežek, pretežka/-o zu schwierig/schwer 89
preveč zu viel 43
preveliko zu groß 54
preverim ich kontrolliere 125
preveriti kontrollieren 125
pri bei, am 29
pri meni bei mir 131
pri nas bei uns 131
pri njej bei ihr 131
pri njem bei ihm 131
pri njih bei ihnen 131
pri tebi bei dir 131
pri vas bei euch/Ihnen 131
približno circa, ungefähr 61
pridem ich komme 121
priden, pridna/-o brav 79
prideta ihr zwei kommt, beide kommen 121
prijatelj Freund 64
prijatelji Freunde 99
prijavim se ich melde mich an 23
prijaviti se anmelden, einchecken 23
prijavnica Anmeldeformular 23
Primorska Küstenland 13
prinesem ich bringe 53
prinesti bringen 53
prispe er/sie/es kommt an 27
prispem ich komme an 27
prispeti ankommen 27
pristaja mi er/sie/es steht/passt mir 53
priti kommen 121
proga Piste 107
prosim bitte 9, ich bitte 15
prositi bitten 15
prosto frei 23
prst, prsti der/die Finger; Zeh, Zehen 69
pršut Prosciutto 60
prtljaga Gepäck 23
prva pomoč Erste Hilfe 66
prvi/-a/-o erster 75
pulover Pullover 52
račun Rechnung 127
računalnik Computer 46
računalniška igrica Computerspiel 79
rad/-a, raje, najraje gern, lieber, am liebsten 81
rad/-a bi ich hätte gerne 37
rad/-a imam ... ich mag/habe ... gern 41
rad/-a te imam ich habe dich gern 103
radirka Radiergummi 46
ravnatelj, ravnateljica Schuldirektor/-in 78
razgled Aussicht 121
razglednica Ansichtskarte 30
razložil/-a erklärt 115
razložim ich erkläre 115
razložiti erklären 115
razumem ich verstehe 15
razumeti verstehen 15
rdeč/-a/-e rot 107
rdeče vino Rotwein 41
recepcija Rezeption 23
recept Rezept 69
redko selten 105
res wirklich 125
restavracija Restaurant 23
rešilni avto / rešilec Rettungswagen 66
rezanci Nudeln 42
riba Fisch 127
riž Reis 127

rjav/-a/-o braun 107
robček Taschentuch 37
robčki Taschentücher 37
rojstni dan Geburtstag 99
roka, roke Hand, Hände 69
rokomet Handball 78
rožice Blümchen 39
rumen/-a/-o gelb 107
Rus Russe 131
Rusinja Russin 131
s, z mit 37
s čim? womit? 37
s kom? mit wem? 37
s Ptuja aus Ptuj 17
s tabo mit dir 119
sadje Obst 34
saj doch 107
saj res! ja, genau! 73
sam/-a/-o allein 107
samo nur 93
samostojno podjetje (s.p.) selbstständiges Unternehmen 19
sani, sanke Schlitten 105
se gugaš du schaukelst 79
sem bil ich war 55
sem izvedel/-a/-o ich habe erfahren 115
sem odkrival/-a ich habe entdeckt 131
sem slišal/-a ich habe gehört 119
sem smučal/-a ich bin Ski gefahren 105
september September 133
septembra im September 133
sestanek Sitzung 15
sestra Schwester 98
sestrična Cousine 98
seveda sicherlich 47
si bil du warst 55
si postal/-a du bist geworden 131
sin Sohn 98
sir Käse 127
sit/-a/-o satt 43
sit/-a sem tega dela ich habe diese Arbeit satt 43
siv/-a/-o grau 107
skoraj fast 131
slabo schlecht 69
slabo mi je mir ist schlecht 71
sladek, sladka/-o süß 35
sladica Nachspeise 127
sladkor Zucker 127
sladoled Eiscreme 79
slišal/-a/-o gehört 119
slišati hören 119
slišim ich höre 119
sliva Pflaume 34
slovar Wörterbuch 46
Slovenec Slowene 131
Slovenka Slowenin 131
Slovenske železnice Slowenische Eisenbahnen 31
slovenski/-a/-o slowenisch 87
slovensko Slowenisch 11
Slovensko planinsko društvo Slowenischer Alpenverein 97
slovenščina Slowenisch 11
slovnica Grammatik 88
služba Arbeit 133
smem ich darf 125
smeti dürfen 125
smučam ich fahre Ski 105
smučanje Skifahren 104
smučanje prostega sloga Freestyle-Skiing 104
smučarska očala Skibrille 105
smučarska oprema Skiausrüstung 105
smučarski čevlji Skischuhe 105
smučarski skoki Skisprung 104
smučati Ski fahren 105
smuči (Pl.) Ski (Pl.) 105
sneg Schnee 105
soba Zimmer 121
sobota Samstag 99
sodelavec Mitarbeiter 17
sodobna literatura moderne Literatur 87
sol Salz 127
solata Salat 41
sonce Sonne 67
sončen, sončna/-o sonnig, Sonnen- 63
sončna očala Sonnenbrille 63
sončno sonnig 93
soparno schwül 93
sorodniki Verwandte 98, 99
spletna stran Homepage 47
srajca Hemd 52
sranje! Scheiße! 83
srbeti jucken 67
srbi er/sie/es juckt 67
Srbija Serbien 113
srbsko serbisch 113
srček Herzchen 83
srečanje Treffen 106
srečati/videti abrahama Abraham treffen/sehen 98
srečno pot! gute Reise! 9
sreda Mittwoch 99
sta die beiden sind, ihr zwei seid 63
sta razložila die beiden haben erklärt 115
stane er/sie/es kostet 29
stanovanje Wohnung 121
star/-a/-o alt 105
starši Eltern 98, 101
ste Sie sind, ihr seid 11
stol Stuhl 46
stranišče WC 121
stric Onkel 98, 99
strinjam se ich stimme zu 95
strinjati se zustimmen 95
stripi Comics 88
suha roba Weidenkörbe und Holzwaren 39
super! super! 79
sva wir zwei sind 63
svetovati raten 67
svetujem ich rate 67
svež korenček frische Karöttchen 39
svinčnik Bleistift 46
svinjska pečenka Schweinsbraten 41
svoj/-a/-e sein (eigen) 47
šah Schach 78
šal Schal 52
šalim se ich scherze 99
šaliti se scherzen 99
še noch 23
šef Chef 62
šel, šla/-o gegangen 73
šipon Furmint 45
šment! verdammt! 83
šola Schule 81
šolski/-a/-o Schul- 81
šotor Zelt 43
špageti Spaghetti 13
številka sobe Zimmernummer 23
štirideset vierzig 53
štirih in petnajst minut sechzehn Uhr fünfzehn 49
štirje evri vier Euro 29
štruklji Quarkstrudel 45
študent Student 64
študentsko delo Studentenarbeit 19
Švica Schweiz 18
ta, ta, to dieser, diese, dieses 35
tabla Tafel 90
tableta Tablette 69
tablični računalnik Tablet 51
tajnica Sekretärin 17
takoj sofort 48
tam dort 23
tartufi Trüffel 60
te dich 47
tečen, tečna/-o lästig 81
tedenski/-a/-o Wochen- 107
tek na smučeh Skilanglauf 104
telefon Telefon 46
telefonska (ugs.) Telefonnummer 48
telefonska številka Telefonnummer 47
televizija Fernsehen 13
telo Körper 69
telovadba Turnen 81
teran Teran 60
teta Tante 98
težek/-a/-o schwierig, schwer 89
ti dir 87, du 87
ti si du bist 15
tipkam ich tippe 47
tipkati tippen 47
tipkovnica Tastatur 46
tiskalnik Drucker 46
tobogan Rutsche 78
točen, točna/-o pünktlich 27
toplo warm 93

torba Tasche 63
torej also 93
torek Dienstag 99
tovornjak Lastwagen 125
trafika Trafik 37
traminec Traminer 123
trebuh Bauch 69
tretji, tretja, tretje der/die/das dritte 75
trg Platz 89
trgovina Geschäft 37
Triglav Dreikopf 97
Triglavski narodni park Nationalpark Triglav 97
trije evri drei Euro 29
trikrat dvojni v www 47
tristo kosmatih medvedov! dreihundert haarige Bären! 83
tu (tukaj) hier 23
tudi auch 11
tukaj hier 11
turistična kmetija Urlaub auf dem Bauernhof 39
turstičen, turistična/-o touristisch 61
turška kava türkischer Kaffee 41
tvoj/-a/-e dein 99
učitelj Lehrer 78
učiteljica Lehrerin 81
ugodno günstig 61
uho, ušesa Ohr, Ohren 69
univerza Universität 13
upam ich hoffe 125
upamo wir hoffen 94
ura Uhr, Stunde 49
kartica Urbana Ljubljana-City-card 29
urbanomat Automat für die Ljubljana-Citycard 29
USB-ključek USB-Stick 51
usta Mund 69
ustnice Lippen 69
uživam ich genieße 107
uživati genießen 107
uživava wir beide genießen 107
v in 37
v angleščini in/auf Englisch 115
v četrtek am Donnerstag 99
v gledališču im Theater 72
v hrvaščini in/auf Kroatisch 113
v italijanščini in/auf Italienisch 113
v madžarščini in/auf Ungarisch 113
v muzeju im Museum 72
v naravi in der Natur 72
v nedeljo am Sonntag 99
v nemščini in/auf Deutsch 113
v petek am Freitag 99
v ponedeljek am Montag 99
v slovenščini in/auf Slowenisch 113
v soboto am Samstag 99
v srbščini in/auf Serbisch 113
v sredo am Mittwoch 99
v torek am Dienstag 99
v trgovini im Geschäft 56
vam euch, Ihnen 21
vampi Kutteln 127
varuška Kindermädchen 78
vas euch, Sie 35, 87
vaš/-a/-e euer, Ihr 17, 99, 121
vaši (m Pl.) Ihre, eure 21
včasih manchmal 105
včeraj gestern 75
včeraj zvečer gestern Abend 75
ve ihr (f) 107
večer Abend 43
večerja Abendessen 121
vedeti wissen 73
vedno immer 105
vedve ihr zwei (f) 107
vegeta Würzmischung 112
velik, večji, največji groß, größer, am größten 95
velik/-a/-o groß 79
velika noč Ostern 103
veliko viel 43
velikost Größe 53
vem ich weiß 73
vera Glaube, Religion 115
veselim se ich freue mich 105
veselo na delo! fröhlich an die Arbeit! 13
veter Wind 93
vetrovno windig 93
vi Sie, ihr 11
vi ste ihr seid 15
videti sehen 101
vidim ich sehe 101
vikend (ugs.) Wochenende 61
vinjeta Vignette 9
vino Wein 17
vinograd Weingarten 119
vinska klet Weinkeller 119
visok, višji, najvišji hoch, höher, am höchsten 95
vlak Zug 27
vnuk Enkel 98
vnukinja Enkelin 98
voda Wasser 69
vojna Krieg 115
vozi er/sie/es fährt 61
vozim ich fahre 61
voziti fahren 61
vozovnica Fahrkarte 29
vožnja Fahrt 29
vreme Wetter 93
vroče heiß 93
vročina Fieber 69
vrsta Reihe 75
vrtec Kindergarten 78
vrtiljak Karussell 78
vsaj wenigstens 127
vse alles 36, alle 133
vstopnica Eintrittskarte 75
všeč mi je er/sie/es gefällt mir 55
vzamem s sabo ich nehme mit 78
vzamem ich nehme 63
vzameš s sabo du nimmst mit 79
vzameva wir zwei nehmen 63
vzeti nehmen 63
vzeti s sabo mitnehmen 78
vzgojiteljica, vzgojitelj Erzieherin, Erzieher 78
z Dunaja aus Wien 17
z mano mit mir 119
z nami mit uns 119
z njim mit ihm 119
z njimi mit ihnen 119
z njo mit ihr 119
z vami mit euch/Ihnen 119
z veseljem mit Freude, gerne 43
z, s (+ Gen.) von 121, (+ Instr.) mit 37
za für 29
za vas für Sie/euch 35
zabava Feier 99
zadnji/-a/-e letzter 133
zajtrk Frühstück 121
zakaj? warum? 81
zamuda Verspätung 27
zanima er/sie/es interessiert 87
zanimam ich interessiere 87
zanimati interessieren 87
zanimiv/-a/-o interessant 73
zasedeno belegt 23
ZDA, Združene države Amerike USA, Vereinigte Staaten von Amerika 18
zdaj jetzt 73
zdravilo Medizin 66
zdravnica Ärztin 66
zdravnik Arzt 67
zdravstveni dom Gesundheitszentrum 66
zelen/-a/-o grün 107
zelenjava Gemüse 34
zelenjavni/-a/-o Gemüse- 127
zelo sehr 41
zemljepis Geografie 81
zemljevid Landkarte 97
zgleda es sieht aus 133
zgledam ich sehe aus 133
zgledati aussehen 133
zgodovina Geschichte 81
zimski/-a/-o Winter- 105
zjutraj am Morgen 76
zob, zobje Zahn, Zähne 69
zobozdravnica Zahnärztin 66
zobozdravnik Zahnarzt 66
zoprn/-a/-o nervig 81
zraven neben 101
zvečer am Abend 73
žal leider 27
že schon 43
želeti wünschen 125
železniška postaja Bahnhof 30
želim ich wünsche 9
želite ihr wünscht 9
želite? Sie wünschen? 9
žirafa Giraffe 13
živel es lebe 134
žoga Ball 79